恩格斯青少年时代

主　　编　闫　玉

副 主 编　孔德生　王雪军

本册作者　李　松　刘小燕

中华工商联合出版社

图书在版编目（CIP）数据

恩格斯青少年时代 / 李松编著. --北京：中华工商联合出版社，2014.3

ISBN 978-7-80249-984-3

Ⅰ．①恩… Ⅱ．①李… Ⅲ．①恩格斯，F.（1820～1895）—生平事迹—青年读物②恩格斯，F.（1820～1895）—生平事迹—少年读物 Ⅳ．①A722-49

中国版本图书馆 CIP 数据核字（2014）第 034652 号

恩格斯青少年时代

作　　者：	李　松
出 品 人：	徐　潜
策划编辑：	魏鸿鸣
责任编辑：	徐彩霞
封面设计：	徐　超
责任审读：	郭敬梅
责任印制：	迈致红
出版发行：	中华工商联合出版社有限责任公司
印　　刷：	固安县云鼎印刷有限公司
版　　次：	2014 年 4 月第 1 版
印　　次：	2021 年 10 月第 2 次印刷
开　　本：	155mm×220mm　1/16
字　　数：	72 千字
印　　张：	11.25
书　　号：	ISBN 978-7-80249-984-3
定　　价：	38.00 元

服务热线：010－58301130
销售热线：010－58302813
地址邮编：北京市西城区西环广场 A 座
　　　　　19－20 层，100044
http://www.chgslcbs.cn
E-mail：cicap1202@sina.com（营销中心）
E-mail：gslzbs@sina.com（总编室）

工商联版图书
版权所有　侵权必究

凡本社图书出现印装质量问题，请与印务部联系。
联系电话：010－58302915

目 录 *Contents*

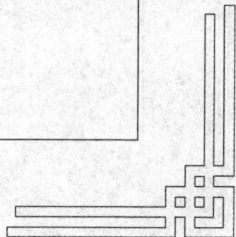

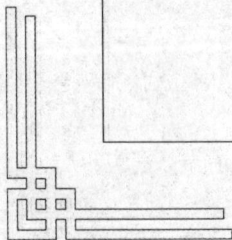

一、时代

（一）炮声不断的欧洲大陆

"神圣同盟"所谓的"正统主义"原则，逆流般在欧洲大陆徘徊，封建君主和贵族践踏着民族意识，开启重划欧洲领土的序幕。

1820年，意大利半岛上的撒丁王国和那不勒斯王国都爆发了革命。革命者要求实行宪

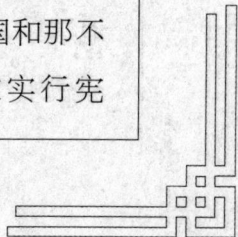

法，要求民主。在奥地利首相梅特涅的建议下，由奥军前往镇压，意大利的革命被迫烟消云散。

由军队首先发动的西班牙革命，国王斐迪南七世被迫同意革命者要求的实行宪法，并宣称自己为立宪君主。但"神圣同盟"授权法国出兵镇压。

法国革命理想的宣传虽被无情地打压，但已然在欧洲形成一股风，渗入各国人民的骨髓，在这个暗无天日的时代，各国人民的伟大同盟相继诞生。

革命轰轰烈烈地进行，1821 年 3 月，希腊人民掀起了反对土耳其统治奴役的民族解放战争。战火迅速燃烧，经过一年的战斗，人民武装解放了希腊的大部分地区。1822 年革命人民召开了国民会议，制定了宪法，宣布希腊独立。土耳其的封建统治者不甘心失败，他们派出大军进行残酷的镇压。军队所到之处，疯狂地屠杀人民。到 1827 年，希腊革命力量已被摧残殆尽。但是，英勇不屈的希腊人民继续战

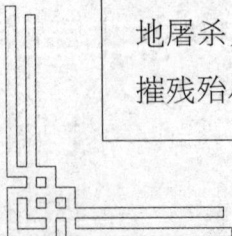

斗，展开了游击战，沉重地打击了土耳其的军队。

希腊爱国志士的这种坚强的革命精神，赢得了欧洲各国进步人士的同情和支持。人们争先恐后地捐款以支援希腊人民的斗争。英国的杰出诗人拜伦热情洋溢地奔赴希腊，投身于希腊的解放战争，并且为之献出了宝贵的生命。

然而，希腊的人民解放战争在欧洲一些国家中引起了不同的反应。奥国统治集团害怕希腊革命会引起奥地利境内的民族解放运动，因而极力主张镇压希腊革命。但是，沙俄却提出反对的意见。它的一贯政策是削弱土耳其，占领君士坦丁堡，控制两个海峡，以扩大俄国在巴尔干的势力。在沙俄眼中，希腊革命正好削弱土耳其的势力，并且是俄国势力渗入巴尔干的好机会。因此，俄国便以希腊东正教当然的保护者自居，谴责土耳其对希腊人的屠杀。英、法两国为了扩大自己在巴尔干的势力，也同情希腊革命。这使"神圣同盟"内部的矛盾扩大了。

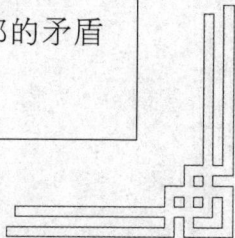

1827 年 7 月,俄、英、法三国在伦敦签订"希腊绥靖"公约,要求以停战作为解决希腊问题的前提条件。但是,土耳其拒绝停战,因此这一年 10 月,三国联合舰队出动,并且在纳瓦利诺海上把土耳其埃及舰队摧毁了。这一场海战沉重地打击了土耳其,使其失去镇压希腊革命的能力。然而,俄国出于侵略的目的,把对土耳其的战争继续下去,并且于 1828 年正式对土耳其宣战。土耳其军队连遭失败,到 1829 年被迫求和,与俄国签订亚得里亚诺堡条约,承认希腊独立。

历史必然要将骑在人民头上的专制君主赶下宝座,一个充满"爱"的世界乐园必然取而代之。

正如雪莱的诗歌所写:

> 看啊,宝座上已没有君主,人与人
> 像精灵一样,彼此并肩而行。
> ......
> 宝座、祭坛、法庭、监狱;里里外外

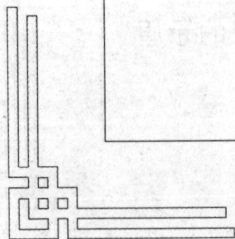

都是些无知的愚人在背负着

朝笏、王冠、宝剑、锁链与典籍，

……

这些已是人类不复记忆的鬼魂。

……

令人厌恶的假面具已经撕下，人之上

已没有王，人人自由，不受限制，

人人平等，不分阶级、种族、国家，

没有畏惧、崇拜、地位和头上的君主，

人是公正的、温和的、有智慧的……

    法国拿破仑时期，战斗的荣光给欧洲各国人民留下了爱好自由的思想，复辟王朝 15 年，虽然恢复了以往的大国地位，但路易十八的呐喊声，还是淹没在自由思想里，历史不再倾向于他们这一边。

    还是 1830 年，革命的步伐依然强劲。波旁王室的专制统治令经历过法国大革命的法国人民难以忍受，法国七月革命唱响了欧洲革命浪潮的进行曲。

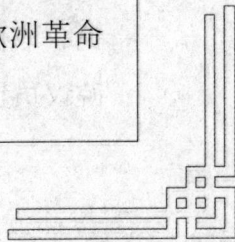

　　7月25日，查理十世颁布了圣克卢法令，解散了新选出的议会，修改选举制度。诏令破坏了1814年《宪章》的精神，劳动群众和自由资产者忍无可忍。当国王战战赫赫地在最后的诏书上签字时，盘踞在人们周围的火药，接触了国王点燃的火苗，革命的烈火瞬间爆发，即使狂风骤雨，也浇不灭。

　　整个巴黎像一锅煮沸的开水，法兰西再也无法平静。成千上万的群众加入到革命行列，流血战斗进行了整整一周，血染巴黎，在这个不朽的日子里，起义者胜利了。

　　黑夜吞没了"荣耀"，查理十世从法国逃跑，犹如一具沾满尘土的政治僵尸，抛却了王冠和权力，眼里只剩下这辆逃跑的马车。从此，查理十世带着他的梦，消失在历史的舞台，沉睡在历史的史册里。

　　起义者们允许革命的三色旗取代波旁王朝的白色旗成为国旗，承诺支持保障民权的理论，取代"君权神授"的君主专制体制，元老院议员世袭制被削弱，议员由国王提名，部分

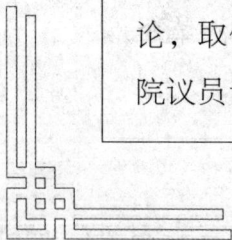

EN GE SI QING SHAO NIAN SHI DAI

自由派贵族被任命，选民人数增加，废除了出版审查法；保守的宗教法令被废除。

恩格斯伴随着轰轰烈烈的革命，渐渐长大，当他吹灭了 10 岁的生日蜡烛时，革命的炮声依旧响彻在欧洲的上空。

加冕登基的路易·菲力浦，给予在巴黎街头欢呼的群众以玩笑般的打击，银行家的阴险骗过了胜利的群众，资产阶级为这场革命缚上一条新的链条，人民向往的自由再次化为泡沫。从此，法国走进了剥削法国国民财富的股份公司的时代。

1831 年，恩格斯 11 岁，正当家人们为这个可爱的孩子庆祝时，里昂街垒上正枪声四起，1801 年的那场骗术，在法国群众的期望中变得粉碎，无产阶级的力量震撼着里昂，也在欧洲历史上写下浓重的一笔。起义者愤怒地面对着皇家的炮兵，他们放弃了商人，放弃了资本家，向着七月王朝发出了最后的通牒。

1832 年，巴黎又站起来了，工人们把石块掷向炮兵，要求建立共和国，银行家反对，于

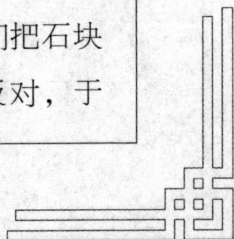

是巴黎街头插上了红旗，爆发的战斗以"优雅"的炮兵骑士获胜，英勇的群众们被关进了大牢，镣铐声、抽打声不绝于耳，但还是被高昂的《马赛曲》盖过，新国王的剥削灌满了他喜悦的容器。

"不共和，宁愿死"这句铿锵有力的口号从巴黎来到里昂，却依旧拜倒在宝剑的锋刃下，这位"小丑"的疯狂大屠杀，却为七月王朝画上了一幅"死尸资本家"的漫画。

历史的车轮滚出了时代的厚重，却不愿再后退，它倾听着伏尔泰的呼声和卢梭的呐喊，在广大人民的意志中迈着铿锵的步伐。更有力的是，蒸汽机如同一个强有力的掘墓人，在这场没有硝烟的战争中，毫不费力地打败了带有血腥味的刺刀，无情地将封建贵族的幻想扼杀在梦魇里。它征服了工厂，也征服了历史，它带来的巨大生产力，改变了时代的世界观。

历史从此在曲折中迈进了一大步。

恩格斯20岁的时候，革命的步伐掉转了方向，从弥漫的街垒走进了大学讲堂，跨入哲

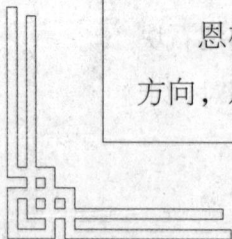

学家的队伍；从灰头土脸走向精神振奋饱满的报刊；从黑白走向彩色的画布……思想成了革命家手里最有力的武器，武装着群众的头脑。以往的刀剑可以斩断群众的头颅，却斩不断其思想，也只有思想才能战胜思想。每个群众的内心燃着一团不可小觑的烈火，为欧洲积蓄着无穷的力量。

当黑格尔的辩证法有了宣讲的舞台，当圣西门、傅立叶的空想学说悄然走进人们的思想，当群众变成有思想的战士，当历史浓厚的手掌搭在无产阶级的臂膀，革命的新阶段比之前强大了很多倍。国王阵营的彩旗飘荡着的往昔胜利，仿佛被冻结，反动派在慌乱中变得不堪一击。

革命的风暴改写着历史的发展，宪章运动为英国人的前进找到了新的希望，西里西亚的织工为德国资本主义做着寿衣，意大利传来烧炭党人的高昂歌曲……智慧革命的烈焰正以燎原之势烧杀资本主义的田园，阶级斗争的胜利也开始有方向地倾斜。

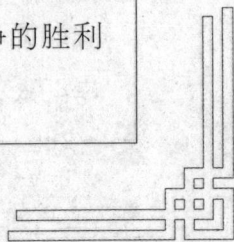

1848 年,《共产党宣言》的发表,为无产阶级的强大奠定了理论基础,革命的步伐也加快。巴黎枪声四起,一切都得到了应有的下场。

正如马克思所说:"现在历史本身就是法官,而执行它的判决的是无产阶级。"

这一年,恩格斯 28 岁,他已经有了自己的思想,从此以他的年轻和热情投向共产主义事业。

(二)烟雾缭绕的新兴工业城镇

莱茵河像一位慈爱的母亲,滋养了欧洲大陆。她从瑞士境内的阿尔卑斯山出发,流向西北,经过列支敦士登、奥地利、法国、德国等国家,最后在荷兰的鹿特丹附近注入北海。当流经德国中段时,有一条叫乌培河的支流从右岸汇入,弯弯曲曲,水流湍急,清澈见底,沿途风景秀丽，支流的南面坐落着一座美丽的城市——巴门市。

1820 年 11 月 28 日，弗里德里希·恩格斯就诞生在巴门市。

巴门市沉重的钟声回响在空气里，这位"巨人"的诞生，无疑给这个家庭带来了欢乐。消息闪电般传遍大街小巷，喜悦挂满恩格斯父亲的脸颊，好像了却了一桩心愿，老恩格斯家里添了继承人，"卡斯帕尔·恩格斯父子公司"也有了继承人。父亲为恩格斯的降生感到开心，感谢上帝的恩赐，他虔诚地拜了又拜，之后带着喜悦投入到公司的运营中。

莱茵省，是一个风景宜人的地方，每年秋天的时候，都会有很多人从四面八方汇集到这里，用唱歌跳舞来表达自己自由的天性。在欢庆的日子里，活泼自由、开朗坦率的性格就如同莱茵河滋养欧洲一样，流经每个人的血管。恩格斯从小在这种环境中长大，也深深地刻上了巴门人特有的性格烙印。

莱茵省由于受 19 世纪初法国资产阶级大

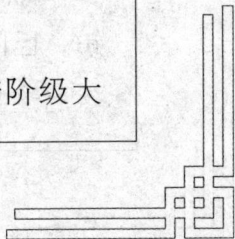

革命的影响，在拿破仑统治时期，封建关系和赋税就已被废除，再加上资源条件优越，资本主义的各行各业在这里得到了自由的发展。19世纪 30 年代，这里大约有二百个中小型工厂，大多是织布工厂、纺纱和染坊工厂，出产的丝织品在当时远近闻名，"卡斯帕尔·恩格斯父子公司"在这种环境下发展壮大为德国纺纱市场上的庞然大物。但是工人们被迫在低矮的厂房和混浊的空气里劳动，随空气吸入的尘土和煤灰，让很多工人死于结核病，工人们在肉体和精神上遭受了严重的折磨。每位工人的劳动报酬每周不超过两个塌勒，当时，两个塌勒大约可以买五十公斤土豆。除了在织布机旁辛苦劳动的男工和女工外，还有很多童工，最小的只有六岁，沉重的劳动、微薄的工资和长达十几个小时的工作时间，让他们失去了童年本该拥有的快乐。

工商业的发展，催生了一些日益繁盛的城镇，巴门市和爱北斐特就是新兴的工业中心。然而这些新兴的工业城镇，为了同英国工业竞争，残酷地剥削工人。机器很快被引进这里，虽然这导致了生产力迅速发展，却增加了劳动群众的贫穷和困苦。机器的高效率生产摧毁了以手工劳动为基础的手工作坊和家庭作坊，成千上万的纺纱工、织布工流落街头。

工厂的生产，也促使周围环境恶化，以往的快乐生活也随着环境的污染而烟消云散。粗大的烟囱里流出的黑烟笼罩着城市，各种颜色的染料排入河中，乌培河的河水变得浑浊不堪，隐隐发出臭味，周围的花草树木枯死了一片又一片……

1834 年，德意志关税同盟成立，这个同盟为发展工商业和既得利益提供了保障，向封建阶级发出了"温柔"的抵制。除了资产阶级同封建阶级之间的主要矛盾外，由于无休止的剥削，无产阶级和资产阶级之间的矛盾也不自觉地充斥在生产中。

虔诚主义以其强大的历史根源存在并控制着人们的精神生活。虔诚主义作为新兴资产阶级的一种意识形态，所宣传的讲求实际和民主

的基督教义，对于社会的进步和革新起到过一定的作用，但随着时间的推移，虔诚主义日益蜕化为一种宗教上的神秘主义，它反对资产阶级启蒙精神的先进思想，并以一种极端的方式，开始宣讲人们尘世生活的"空虚"，认为劳动者的罪恶是他们穷困的真正原因，劝诫穷人们要勤劳、节俭，赎清自身的罪孽。对于新形式的音乐、戏剧的传播，则视为蛊惑人心的妖术。

无限制的剥削、生活的煎熬、虔诚主义的控制，让人们失去了以往的自由，人们过着消沉压抑的生活，这座新兴的工业城市笼罩着一层死气沉沉的阴云。

资本主义工业的发展，给工人阶级带来了深重的灾难，资本家的口袋鼓起来了，工人们却依旧过着贫困的生活，无产阶级与资产阶级的矛盾，逐渐成为整个社会旋转的轴心。

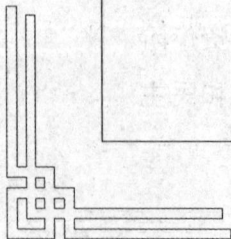

二、巨人的诞生和青春岁月

（一）保守严厉的父亲

16 世纪开始，恩格斯家族就在乌培河谷开始生活了。恩格斯的曾祖父约翰·卡斯帕尔·恩格斯本是农民，后来他创办了一个集漂白、纺纱和编织花边为一体的小作坊，经过他的辛勤经营和逐步改善，规模不断增大，树立起的

威望也越来越高，等到他去世时，这个小作坊已经发展成为巴门市最大的企业之一。

恩格斯的祖父接过父亲的企业，在他的精心经营下，规模不断扩大，他还成为当地有名的企业主，担任过市政府的顾问官。

恩格斯的父亲作为纺织厂的老板，平时人们都管他叫老恩格斯，他是一个精明能干、富有开拓精神的人，通过走访英国曼彻斯特等工业中心，企业在他手里很快成为一个独立经营的纺织厂，后来他又与另一个企业主彼得·欧门一起创办了欧门—恩格斯纺织公司。老恩格斯虽然走南闯北，见识颇多，但始终是一个政治上保守又笃信宗教的人，后来他还担任了巴门教会学校的校长和教会主持人。

老恩格斯在家里有着至高无上的地位，家里的人必须无条件服从于他的意志，他强迫家人尤其是孩子信奉宗教，要求他们不能怀疑宗教，无条件信仰上帝。谁要是说了不该说的话，做了不该做的事情，就会受到老恩格斯严厉的教训。所以，这个家庭信奉宗教是根深蒂固的，后来恩格斯回忆说，他的家庭是一个彻头彻尾基督的、普鲁士式的家庭。

　　恩格斯作为家里的长子，父亲对他寄予了极大的希望，平时对恩格斯的教育也远胜过其他弟弟妹妹。父亲经常把孩子们叫到一起，给孩子灌输家族企业是在上帝的旨意下发展壮大的这一思想，并通过念圣经故事来督促孩子们树立宗教至上的观念。他要求孩子们无论是在家里还是学校，都必须按照教义上的规定来做，谁也不许违背，否则会受到严厉的惩罚。

　　老恩格斯粗暴的性格，像个定时炸弹，说不定哪天就会被孩子按到了按钮，从而受到严厉的教训。老恩格斯在孩子们心里是一个十足的暴君，每个孩子都害怕老恩格斯。

　　恩格斯就是在父亲这种威严的影子里长大的。

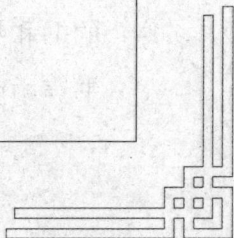

（二）善良慈爱的母亲

恩格斯的母亲伊丽莎白·恩格斯出生于书香门第，她的父亲是一个中学校长，是一个眼光开阔、思想活跃的人，恩格斯的母亲从小耳濡目染，有着开阔的视野和较高的文化修养，特别是在文学、音乐和戏剧方面，而且她心地善良，乐观爽朗，温文尔雅，是一个慈祥的母亲。

恩格斯的出生，让这位母亲脸上时常挂着笑容，母亲十分喜爱恩格斯。在恩格斯的童年时代，母亲给予了他无微不至的关怀。母亲的疼爱与父亲的专横形成了鲜明的对比，平时恩格斯受到父亲粗暴的教训，总会在母亲这里得到安慰。母亲每次都会给儿子读一些思想开阔的书和故事，恩格斯的童年也是在母亲朗朗的书声中度过的，所以，童年时期的恩格斯就建立起了对文学的兴趣，以及对艺术的追求和对知识的渴求。如果说宗教信仰是一片浓重的乌云，那么母亲的教育就是这个家庭中透过云层照射下来的最温暖的阳光。母亲的善良和爽朗的性格，在恩格斯身上得到了较好的传承，他对于现实生活的热爱也深受母亲影响。

越是管教得严格，也就越增加了孩子对一些事物的好奇。老恩格斯的专制，让这个家庭变成了一滩死水，也促使了恩格斯叛逆心理的滋长，他开始不满足于现状，把视野延伸到更远的地方，对于自由的向往也是如此。父亲的继承观念在恩格斯这里没有得到很好的灌输，而母亲呢，她懂得恩格斯作为长子有着不可替代的继承权利，但是她不会勉强自己的儿子，而是尊重儿子的选择，并鼓励儿子自由发展。

母亲，对于童年时代的恩格斯，影响无疑是巨大的，对于恩格斯以后走上革命的道路，也有着重要的影响。

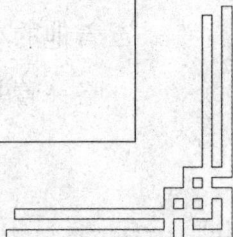

（三）童年趣事

巴门市浑厚的钟声响彻天空，金色的阳光透过云层斜切在窗子上，小恩格斯穿好衣服，四周一下环顾，立刻跑到门后藏了起来。

"妈妈，快来！"小恩格斯带着哭腔大声地喊。

母亲闻讯后，快速走进卧室，焦急地呼喊着弗雷德的名字，跑到窗子旁不停地朝院子张望。

这时，小恩格斯从门后悄无声息地跑到母亲背后，一下子抱住母亲，为自己成功骗过了母亲而咯咯地笑出声来。

母亲转过身，看着调皮的恩格斯，紧张的情绪才有所平复，她抱起小恩格斯，轻轻抚摸着他的小脸，不停挠他痒痒，惹得小恩格斯咯咯笑着并挣扎着跑了出去。他一边跑，一边还

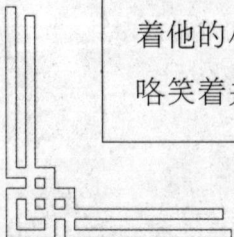

不时地回头对着母亲做鬼脸。

跑到客厅，小恩格斯蹦上沙发，突然问母亲：“妈妈，上帝真的能拯救人吗？”

“是的，上帝能拯救善良的人。”母亲点点头说。

小恩格斯回想起昨天听到的故事，小脸颊紧绷，皱着眉头问母亲：“那小布蕾的爸爸没有了，小布蕾很难过，上帝可以把小布蕾的爸爸救回来吗？”

母亲看着天真的小恩格斯，摸了一下小恩格斯的脸颊，沉默了一会儿说：“上帝呀，会救回她爸爸的，只要小布蕾不哭，晚上好好睡觉，就会见到她爸爸了。”

小恩格斯眨着眼睛，疑惑地点着头，也许就在这一刻，怀疑的种子开始在恩格斯的心里生根了。

午后，小恩格斯从午睡中醒来，跑到母亲身边，开始缠着母亲说：“妈妈，我想听故事，还是昨晚的那个故事，后来怎么样了呢？”

母亲放下手中的活，抚摸着恩格斯的头：

"儿子，今天怎么这么早就起来了？快点去睡觉，等你睡醒了再讲，乖！"

"不，妈妈，我睡醒了！你看，我眼睛多大，一点儿也不困了！"小弗雷德说着，故意睁大眼睛看着母亲。

小恩格斯可爱的样子把母亲逗笑了，"好吧，一会儿不许睡噢。不过咱们现在不讲昨晚的那个故事了……"母亲抱起小恩格斯坐在沙发上后说。

"妈妈，我才不睡呢，那妈妈讲什么故事呢？"小恩格斯急着问。

妈妈起身从旁边的书桌上拿出一本书，在小恩格斯面前晃了晃，"这是歌德的诗集，你要好好听啊，即使以后继承你爸爸的公司，也要经常读诗歌来丰富自己的思想。"

小恩格斯看着母亲，疑惑地问："妈妈，什么叫继承呀？"

"继承呀，就是你爸爸老了，你就去做你爸爸现在做的事情。"母亲说道。

"噢，妈妈，那您快点给我读故事吧。"小

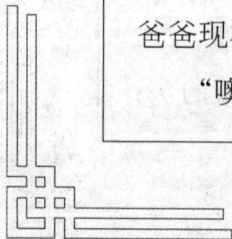

恩格斯用渴求的眼神望着母亲说。

母亲把恩格斯抱起来坐在自己腿上，便小声朗读起来：

太阳多明亮，对着我照耀！

大地多绚烂，原野在欢笑！

根根树枝上，繁花在怒放！

灌木树丛中，百鸟在歌唱！

个个心胸中，快乐又高兴。

哦，大地，太阳！

哦，幸福，欢欣！

哦，爱情，爱情！

美好如黄金！

你好似朝云浮游山峦间。

你庄严祝福清新的原野。

花香扑鼻的这整个世界。

哦，姑娘，姑娘，我对你情深。

你眼睛明媚，爱我多真诚！像云雀喜爱凌空高唱，像朝花喜爱大地芬芳。

我爱你爱得热血要沸腾，你带来欢

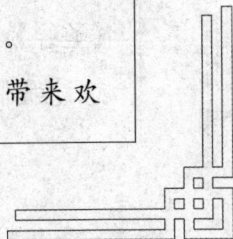

乐、勇气和青春。

我高唱新歌，我婆娑起舞！

……

妈妈突然停顿下来，小恩格斯着急地问："妈妈，您怎么不读了？我还要听，还要听！"

母亲没有说话，恩格斯一回头便发现了站在门口的父亲。母亲放下恩格斯，起身站起，恩格斯也乖乖地立刻跑到母亲背后，抓着母亲的手，歪着头，偷偷地看着自己的父亲。

父亲的威严，在恩格斯看来，是不可抗拒的，他还记得前几天父亲生气时的模样，此刻，他只是轻声地叫了一声"爸爸"。

父亲一脸严肃地走进屋里，脱掉身上的大衣和帽子。母亲接过后挂在衣架上，就听见丈夫的责备声："跟你说过多少次了，你要给孩子多讲讲《圣经》里面的故事，歌德写的那些东西，在我看来完全是蛊惑人心的骗术，只有《圣经》上的故事才能引领孩子健康成长，你想让我们的孩子误入歧途吗？"父亲说完，就坐在沙发上，回头看着小恩格斯。

母亲放下手里的书，为自己辩解道："我觉得我们的孩子阅读些诗歌，没什么不好呀！"

父亲听罢，愤怒地站起来："什么！我儿子怎么能听那些妖言惑众的骗术？以后不许让他接触这种书！"

母亲泄了气，给父亲倒了杯水，问："今天生意怎么样，顺利吗？"

父亲接过水杯，喝了一口，说道："嗯，很好，比前几天还顺利。"

父亲抱过受了惊吓的小恩格斯，用胡子扎他的小脸蛋，恩格斯抱住父亲，泪水却在眼眶里打转。

父亲抱着小恩格斯站起来，朝空中举了举小恩格斯，刚才凝重的表情一下子被慈祥的笑脸所取代，小恩格斯也一下子笑出声来，一滴眼泪顺着小脸蛋滑到了嘴巴处。父亲赶紧为儿子擦掉眼泪，笑着说："我们家的事业在上帝的关怀下，越来越成功，乖儿子，快快长大，将来我们家的事业还要你继续做下去。"

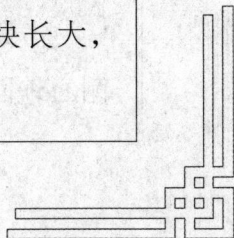

　　父亲放下儿子，回头对着母亲说："他外祖父来信了，说想念外孙了，要我们带着小弗雷德去他那里玩玩。"

　　母亲刚想说话，就看见小恩格斯兴高采烈地跑到自己面前，抓住自己的手调皮地说："妈妈，我也想念外祖父了！"

　　父亲快步走过来，又抱起小恩格斯，对着母亲说："你快去收拾下吧，一会带着儿子去父亲那看望一下，我抽不出身，代我向父亲问好，过几天我再过去。"

　　小恩格斯挣开父亲的怀抱，回头看了一下妈妈，又开心地跑了出去。能见到外祖父，小恩格斯实在高兴不过了，因为他总会在外祖父那里听到动听的故事。

　　莱茵河畔的风景在四轮车的窗子里如画般闪过，到处是明媚的阳光、绿茵的草地，不时传来鸟儿的歌唱声……小恩格斯看着外边的世界，欢喜得直拍手。

　　一路上，小恩格斯对母亲问这问那，母亲耐心地回答了儿子的疑问。

　　来到外祖父家门口，小恩格斯不等妈妈下车，就一个人静悄悄地走进了外祖父家的院子。

　　小恩格斯趴在客厅外的门口，远远地看着外祖父看书、写字。小恩格斯用力推开房门，快速跑到外祖父的桌子旁，外祖父十分惊喜，放下笔，摘下眼镜，起身抱起小恩格斯，说道："哎呀，几天不见，弗雷德又长高了。"

　　小恩格斯也十分开心，他亲了一下外祖父的脸颊说："您脸上的皱纹又多了，好想您呀。"小恩格斯说着又在外祖父脸上亲了几下。

　　母亲走进屋里，看着小恩格斯的一举一动，也不停地笑着，询问着父亲的身体状况。

　　小恩格斯摇着外祖父的手说："祖父，给我讲故事吧？好想听您给我讲故事。"

　　于是，外祖父抱着恩格斯坐在外边的安乐椅上，给小恩格斯讲起了古希腊神话。

　　"潘多拉是古希腊的一位公主，诸神因妒忌她的美貌，送给她一个神秘的盒子，叮嘱她千万别打开那个盒子。然而，有一天，潘多拉终于抵制不住好奇心的诱惑，打开了盒盖，于

是，盒内的疾病、痛苦等不幸趁机飞出来，传播到了人间。但是潘多拉又立刻关上了盒子，于是人类的希望就被关了起来。"

小恩格斯听完立刻对祖父说："祖父，我长大后要把这个魔盒打开，把希望放出来。"

外祖父抚摸着小恩格斯的头，笑着说："弗雷德又长大了。"

之后，外祖父又讲起了德国民间流传的《尼伯龙根之歌》里面的英雄故事。很快，太阳消失在地平线上，天空的余辉很快被黑暗吞没……

这位慈爱又博学多识的外祖父给予了小恩格斯无微不至的关爱，就在 1833 年新年来临之际，13 岁的恩格斯给外祖父写了一首充满感情的诗歌，表达了对这位老人深深的热爱。

这首诗歌这样写道：

我亲爱的外祖父，你待我们总是那样亲切慈祥，

每当事情不顺利，你总是给我们指点帮忙；

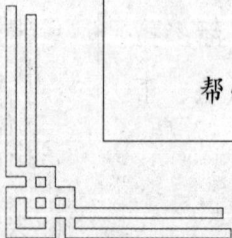

　　你给我们讲过多少动听的故事，

　　从克尔基昂、提修斯到白眼哨兵阿尔古斯，

　　从明诺托尔、阿莉阿德尼和投海而死的爱琴，

　　到金羊毛、约逊和亚尔古船英雄，

　　你讲过强悍的海格立斯，以及同他一道的丹纳士和卡德摩斯，

　　我记不住你一共给我们讲了多少！

　　外祖父，祝你新年幸福，

　　长寿，愉快，无忧无虑，

　　愿你吉祥如意，万事亨通——

　　这是爱你的孙子衷心的祝愿。

（四）好学上进的中学生

　　恩格斯的童年时代，是在父亲的专制中度过的，从小就具有独立思想的恩格斯不愿接受

EN GE SI QING SHAO NIAN SHI DAI

这种毫无道理的管教，因此和父亲的感情并不融洽。他天资聪慧，勤奋活泼，有着强烈的求知欲，因此九岁那年开始了小学的旅程。

当时在巴门市，能上学可以说是一种幸福。纺纱厂的2500名学龄儿童中就有1200名童工从未上过学。恩格斯所读的学校，虽然是市立学校，但这是一所教会学校，常年经费不足，因聘请不起教师，只能任命一些虔诚主义者来教学，而管理学校的老师又是些没有真才实学、信奉宗教的老学监，因此，整个学校毫无生机可言。

虽然学校也开设了阅读课，但是除了大卫的赞美诗以外再没有别的读物，任何自由思想都是不被允许的，黑格尔、丹东、白尔尼等人都被诬陷为叛逆者、强盗或亵神者。因为在这里，上帝是一切存在的理由。课下，学校里除了深褐色的长袍外再没有别的衣装，本应热烈自由的学校，却变成了宗教的"精神监狱"。

在这里，教师们都喜欢秩序和纪律。他们认为，服从就是有觉悟、有文化、有度量，就能成为一个完美的人。他们只喜欢那些服从的学生，他们最满意的就是看到学生们一走进教室，个个都低着头倾听，课堂上没有人提问题……

恩格斯每次走进校园，都会有一种厌恶感涌上心头，对课堂上所讲的内容也不感兴趣。

有一天，当老师在课堂上讲道："我们尊敬能为秩序和上帝服务的一切。"

突然有一个学生站起来问老师："老师，歌德是什么人？"

老师愤怒地说："歌德是一个不信神的人，是一个胡说八道的亵神者。"说完扶了扶因愤怒而下滑的眼镜。

这个回答让恩格斯想起了母亲曾经为自己读过的诗歌，高昂有力的诗歌一直萦绕在恩格斯的脑海中，从此，这个因父亲的专制而信奉宗教的孩子，开始对宗教产生了深深的疑惑。

放学后，恩格斯看着家里的报纸，轻声念着："《巴门导报》、《农村导报》。"

父亲进屋拿过报纸，坐在安乐椅上一张张

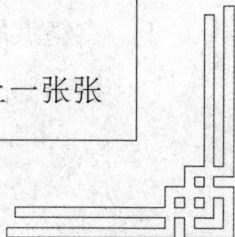

翻阅着。站在一边的恩格斯带着好奇的目光打量着《法兰西日报》上有趣的漫画，小声地读着："巴黎发生革命，查理十世宣布退位……1830 年 7 月 30 日。"恩格斯看完，双手扬起，高呼着："又要战斗了，巴黎万岁，万岁！"年幼的恩格斯还不懂得为谁欢呼，但只要打仗，他就会欢呼雀跃。

不知父亲读到了哪里，突然他恨恨地扔下一句"无神论者"就愤怒地离开了屋子。

恩格斯一个人继续读着报纸，《巴门导报》上报道了杜塞尔多夫举行的音乐会、诗人弗莱里格拉特新创作的诗歌，还有毕希纳新创作的剧本《沃伊策克》，虽然看不懂，但恩格斯还是被报纸上的插画惹得哈哈大笑起来。

学校里并不是只有虔诚的宗教信徒，也有两个有学识的老师，这两位老师对恩格斯影响深远。其中希弗林博士担任法文课，对法国启蒙思想家伏尔泰及其他现代作家的作品和风格有精湛的研究，其编写的《法文学习指南》在整个德国以及一些国家均有流传，恩格斯很喜

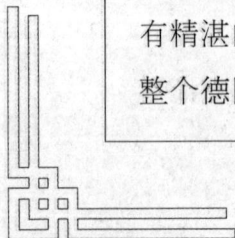

欢这位老师，在他的指导下，恩格斯的法文进步很快，能基本阅读家里的法文报纸，希弗林博士为此对恩格斯的语言学习才能大加赞赏。还有一位叫科斯特尔的年轻老师，他不拘泥于传统意义上的诗歌，不顾学校虔诚主义信徒的反对而删掉了教材上的宗教诗歌，并把自己创作的新诗歌编到教材上，这些诗歌的内容积极向上，没有宗教的约束，给恩格斯留下了深刻的印象，但是这位老师很快就被学校宗教虔诚派解聘了。这两位老师的创新精神和思想给了恩格斯极大的鼓励，恩格斯为此感到十分难过。

因为恩格斯是家里的长子，所以父亲对他的期望也高于其他孩子。为了让恩格斯有一个更好的受教育的环境，1834 年，在父亲的安排下，恩格斯转到了离家较远的爱北斐特中学读书，并长期寄住在校长汉契克博士家，这让恩格斯有了更多的自由时间来学习更多的知识。

这所学校开设了德语、希腊语、法语、拉丁语、文学、历史、地理、数学、物理、音

乐、绘画等各种学科，教学质量较高，被公认为普鲁士最好的中学之一。虽然这所学校也归宗教改革协会所有，但是与巴门市中学相比要好很多。这里有很多知识丰富的教师，课堂上气氛自由热烈，教师所讲的内容也体现出新的思想。这一全新的学习环境，对于从小就被父亲灌输宗教信仰的恩格斯来说，就像被关在笼子里的鸟儿又重新飞上了天空，这里成了恩格斯接触新思想、接触社会的一个重要桥梁。

校长汉契克是一个对德国历史、文学史深有研究的博士，在他的带领下，整个学校以全新的面貌展现在每个学生面前。在住处，恩格斯如饥似渴地向汉契克博士学习知识，在学校，在拉丁文老师艾希霍夫、历史教师克劳森等老师的指导下，恩格斯勤学好问，在学业上取得很大进步。

在这所中学学习的几年里，恩格斯的文学功底有了很大提高，作文具有独立思想，语言组织得当，叙述有理有据，表达准确。恩格斯对德国民族文学史和德国古典作家的著作表现

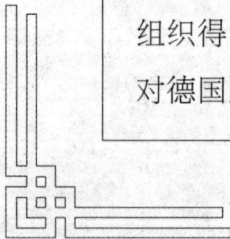

出了极大的兴趣。同时，恩格斯在学习和掌握自然科学知识方面也表现出了极强的理解力。

中学时代的恩格斯学习认真刻苦、聪慧活泼、多才多艺，给学校留下了良好的印象，特别是在语言方面，他的非凡才华更是让老师们赞口不绝。在爱北斐特中学这七年的学习中，恩格斯熟练掌握了法语、拉丁语、希腊语等多种语言，恩格斯还经常把其他国家的报刊内容，用德语翻译给同学们听，得到同学和老师们的一致赞赏。

语言的熟练运用，也为恩格斯的文学之路开启了一盏明灯，在这条路上，让这个对世界充满好奇的少年得到了极大的满足。上学期间，他阅读了李维和西塞罗关于历史和政治的拉丁文著作，翻译了用希腊语写成的《荷马史诗》和古希腊悲剧作家欧里庇得斯的戏剧作品。恩格斯对于欧里庇得斯的悲剧作品尤为喜爱，称其为"悲剧之父"。对于法语的学习，恩格斯更是孜孜不倦，在熟练掌握词汇、语法的基础上，还涉猎了法国思想家伏尔泰、孟德

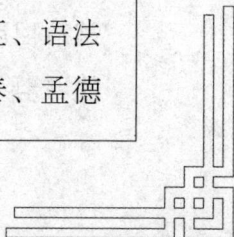

斯鸠、卢梭等人的著作，并深受影响。他们追求自由的精神，启发了恩格斯的心灵，也加深了他对巴门市愚昧思想的厌恶。

　　除了对语言的学习之外，恩格斯的其他学科也均有很好成绩。在他的中学肄业书中有老师们这样的评价：恩格斯在历史和地理方面拥有相当明晰的知识。在数学方面，总的说来，掌握的知识是令人满意的，理解力很强，善于清楚明确地表达自己的思想。在物理学方面的知识与数学相似。在哲学基础知识方面，恩格斯有兴趣倾听实验心理学的课程，并有一定成效。

　　随着年龄的增长，恩格斯对音乐的喜爱有了深层次的变化，他特别喜欢贝多芬的交响乐曲和莫扎特的歌剧。他经常静下来，慢慢欣赏那些曲调高昂或柔婉的音乐，空余时间还学习谱写一些简单的曲子，并邀请同学一起演奏。恩格斯还喜欢绘画，在离开家的日子里，他经常给自己最喜爱的妹妹玛利亚写信，信中经常能看到恩格斯的漫画。然而最让恩格斯迷恋

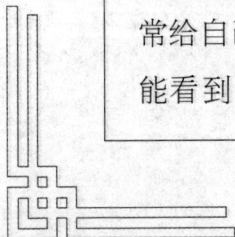

的，还是诗歌的写作。从保存下来的诗歌可以看出：这个 16 岁孩子的思想散发着一种英雄主义的气息。

> 有许多美丽的形象，在远处招呼，
> 犹如繁星点点，透过云雾，
> 给我们送来亮光，优美柔和。
> 他们越走越近——我已经认出来了，
> 这是退尔，手拿弯弓，
> 这是齐格弗里特，他降服过巨龙，
> 执拗的浮士德也来了，
> 阿基里斯当先锋，
> 光荣的布尔昂的哥特弗里德，
> 号召骑士们战斗要英勇。
> 瞧！——兄弟们，请不要笑——
> 还有那英雄堂·吉诃德
> 骑着一匹骏马，
> 到处厮杀。
> 这支队伍来了，又消灭了，
> 只留下一片闪闪的金光，

啊，怎样才能把他们挽留？

又有谁能把他们赶上？

诗一般的梦幻，

还会重新出现，

当你再次看见他们，

欢乐充满心田。

这首诗是恩格斯 1936 年写下的，之后恩格斯还写了大量赞美英雄、追求自由的诗篇。当时写出富有灵韵和气势的诗歌，恩格斯不停地翻阅歌德的诗集，创作了叙事长诗《伊托克列斯和吕波涅克斯决斗》。在这首取材于古希腊神话的诗歌中，恩格斯把战争和篡夺王位的激烈场面表现得淋漓尽致，仿佛让人们看见了古忒拜城下两军对峙的雄壮场面，充分展现了恩格斯非凡的艺术才能，在一次节日上，这首诗歌的朗诵，得到了老师和同学们的认可。

恩格斯也喜欢爬山、骑马、击剑和游泳。

七年时间不长，但对于恩格斯来说，他的头脑就像一个黑洞，对知识的索取永不满足。

　　恩格斯从爱北斐特中学顺利毕业，本希望自己可以升入大学学习更多的知识，但却遭到了父亲的反对。为了让恩格斯以后能更好地继承公司并发展壮大，1837 年 9 月 25 日，在父亲的安排下，恩格斯被迫离开学校，在老师们不舍的目光里，前往不来梅商行学习经商，提前步入社会。

　　恩格斯渴望的方向被父亲残酷地扭转，然而这个"在宗教信仰、心地纯洁、品德高尚以及其他优秀品质有突出表现"的孩子，能像父亲期望的那样成为一个商人，以后经营好这家公司吗？

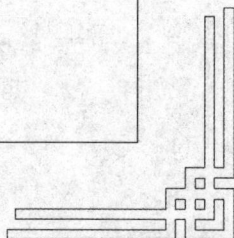

三、走进社会，叩响真理的大门

（一）不来梅商行的实习生

"弗雷德，抄写一下这份来自柏林的信函！"

"弗雷德，请把这些账单分发给相关部门！"

"弗雷德，票据！"

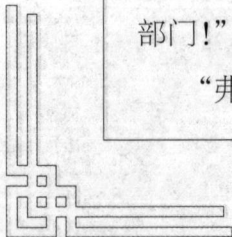

"弗雷德，捆扎一下这些包裹，快点！"

"弗雷德，帮我收一下信件。"

"弗雷德，抄信函。"

"弗雷德，包裹，信件……"

"弗雷德……"

"弗雷德……"

"弗雷德……"

……

"某某谨启"，这是恩格斯在公函中写的最后几个字，以此结束他一天的商行事务。恩格斯哼着贝多芬的钢琴曲，利索地收拾好办公桌上的东西，开始想要写给玛利亚的信。一想起这个懒家伙三言两语就匆匆结束的信，恩格斯不由得苦笑起来：懒丫头，这次一定要警告她，如果以后还是这么短，我就威胁不给她寄邮费了。

不过，尽管玛利亚的信很短，可对于恩格斯来说，看她的信是每天结束枯燥工作后最快乐的事。

这就是恩格斯在不来梅的生活，每一天都

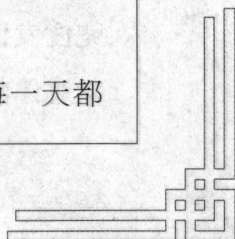

这样机械地重复着。

无奈辍学后，恩格斯在巴门父亲的事务所学习经商。1838 年 7 月，恩格斯又被父亲送到了萨克森领事洛伊波尔德的商行当实习生。

恩格斯本来就讨厌商行，当了实习生后，他发现自己更厌恶这种生活了。实习生的工作十分枯燥。同其他商行实习时一样，恩格斯每天的例行公事是抄写商务信函和票据，分送和支付账单，收发信件，捆扎包裹等。

无事可做时，恩格斯就到院子里去捉苍蝇、蚊子、蜘蛛；这时老母鸡就从他手里啄虫子去喂小鸡。最有趣的是一只小黑鸡，跟金丝雀一般大小，却是唯一敢从恩格斯手里啄苍蝇的小家伙。恩格斯把这些事都告诉了玛利亚，还怂恿玛利亚让妈妈弄只老母鸡来孵蛋。恩格斯还给玛利亚讲了很多不来梅与巴门不一样的地方。他觉得不来梅的农妇穿戴得漂亮极了。软帽和草帽特别美丽。姑娘们用小小的红帽子兜住发髻，而老年妇女则把大檐风帽平戴在头上遮住前额，或者就戴着前檐镶黑色花边的大丝绒帽，看上去十分别致。恩格斯许诺给玛利亚画一幅展现这些美丽装束的素描，前提是他能够从容地观察一个本地妇女。

恩格斯每天最幸福的事就是写信对玛利亚讲他生活的每一个细节，包括他开始留大胡子这样的事。除此之外，他找不到任何能够充实内心的力量。这里没有人可以和他交流，在恩格斯看来他们都是些庸人。他时常哼着学生时代的活泼歌曲，怀着傲慢大学生的自负心情，独自坐在广漠的荒野里，没有酒友，没有爱情，没有欢乐。

在这样看不见希望、找不到激情的日子里，恩格斯想起了希弗林博士和他编写的《法文学习指南》、科斯特尔和他的新诗，想起了他们讲课时肆意飞舞的神采、精彩绝伦的言辞。他觉得他再也不能这样颓废下去了。

想起当初来商行时，自己虽然百般不情愿，可终究抱着向被父亲设计好的人生抗争的心理。恩格斯很明白，父亲是想要他在这样的环境熏陶下成为一个像父亲一样虔诚的生意

人。不，他不想这样，他不要一辈子生活在这种唯利是图、乌烟瘴气的环境里。他想起当初自己的想法：既然巴门青年热烈仰慕的弗莱里格拉特既能做店员，又能做诗人，那我为什么不能这样呢？

当时，德国正处在资产阶级民主革命的前夜，许多进步的作家利用诗歌、小说等文学形式进行反对封建专制的斗争。卓越的民主派诗人海涅、"为自由和权利而斗争的伟大战士"白尔尼，都在反封建斗争中发挥了重要的作用。

作为当时德国四大自由港之一，不来梅的政治气氛远比乌培河谷开明进步。那些在其他地方严禁出版和销售的具有自由主义倾向的书籍报刊，在这里通行无阻，广泛流传。

在这样的环境里，恩格斯很快就找到了他的新生活，找回了他的诗人梦想，读书成了他生活的主要内容。

每天早晨，恩格斯都会叼起大烟斗，在阳光的沐浴下尽情地阅读。他经常忘情地朗诵

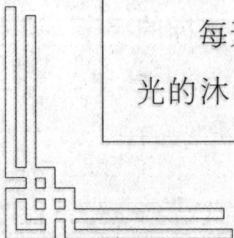

《卢济塔尼亚人之歌》：

> 您看到您勇士们的功绩，
>
> 不是光怪陆离的虚构和传奇，
>
> 不是外国诗人的拔高和夸张，
>
> 或者随心所欲的颂词。
>
> 这里讲的都是真人真事，
>
> 远远超过神话和幻想，
>
> 超过罗达蒙特和鲁热罗，
>
> 甚至超过或有其人的奥兰多。
>
> ……

这本书是恩格斯前几天在市里的大书店买的。不来梅不愧为四大自由港之一，这里随处都可找到来自英国、法国、荷兰、西班牙、意大利等国的报刊，读到各种文学、哲学、政治书籍。这里可以听到最新的形势变化，了解最新的文学动态，看到各种各样的演讲，还可以接触各种各样的人，特别是志同道合的朋友。他发现了一个文学团体——青年德意志，受海

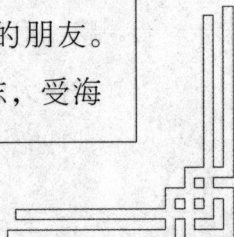

涅和白尔尼的影响，他们的文艺和政论作品反映出小资产阶级的反抗情绪——捍卫信仰自由和出版自由，力求把握具有激情的现代风格。恩格斯被他们的这种思想吸引，很快加入了这一团体。

在这样的快乐生活里，连商行的工作恩格斯都找到了乐趣。每天他都要处理来自世界各国不同文字的商业信函，接触操不同语言的商人、船员和水手，这为爱好外语的恩格斯提供了学习各国语言的有利条件。恩格斯充分利用这些条件，努力学习。他在给朋友的信里写道：意大利语像和风一样温柔清新；西班牙语仿佛林间的清风；葡萄牙语宛如长满鲜花芳草的海边细浪；法语好似小溪一样湍湍而流，水声悦耳；荷兰语如同烟斗里冒出的一缕香烟，显得舒适安逸；德语听起来好似汹涌澎湃的拍岸浪潮，撞击着彼岸四季如春的珊瑚岛……

不来梅为恩格斯提供了一个良好的学习环境，恩格斯像一只勤奋的蜗牛一样，在这些人类伟大的成果里孜孜不倦，努力弥补他未能完成的学校教育。

雅科布·伯麦的作品说，上帝叫作"无根据和根据"，因为上帝本身是自己以及其他一切生命的根据。恩格斯对这个说法很感兴趣，在这里他看到了和他往日所接触的上帝不一样的形象，他开始思考他受过的极端的正统思想和虔诚主义教育——被教堂、主教和家庭灌输的要永远无条件地相信圣经，相信圣经教义、教会教义以至于每一个传教士的特殊教义之间的一致性。上帝真的存在吗？上帝真能拯救人类吗？

除此之外，不来梅还给他拉开了社会生活的巨幅画卷。在这里，他开始接触各种各样的人物，时刻关注着文坛的最新动态。

这里的生活是一种相当单调、典型的小城市生活。夏天，上等人物，即贵族和富人阶层到自己的庄园去消暑；中间等级的太太们即使在这样美好的季节里也离不开那一群在茶会上打牌、聊天的朋友；商人们却天天参观博物馆、出入交易场所或自己的商会，在那里讨论

咖啡、烟草的价格，以及与关税同门谈判的情况……可是，那些辛勤劳动的人呢？他们整天鸡叫时分就从被窝里爬起来，摸黑走在去往工厂的路上，冷不丁还会被角落里跑出的贵族家的狗狂吠恶追，操作间里又脏又臭，到处是煤烟和灰尘。

这样的情景让恩格斯想起了在故乡看到的那些可怜的人们。乌培河谷的工人，整天处于可怕的贫困境地——衣不蔽体，食不果腹，脸色苍白，脸颊深凹，皮包骨头，他们整天都处于梅毒和肺部疾病急速蔓延的环境中。光是爱北斐特一个地方，2500 个学龄儿童就有 1200 人不能上学。厂主们为了省钱，大量雇佣童工，童工的工资是成人的一半，可工作量却和成人一样。这些小工人在低矮的房子里工作，吸进的煤烟和灰尘多于氧气，而且从六岁起就是这样，这势必会使他们失掉全部力量和朝气。就是从外地来的身强力壮的细木匠、手艺人或当地的皮匠，也只消过上三年这样的生活，就会在身体和心灵上遭受无法挽回的重

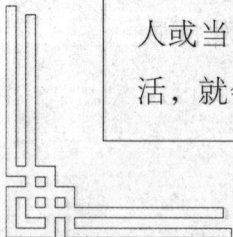

创。这时候，上帝在哪里呢？上帝不是救世主吗，为什么不来拯救这些可怜的人呢？他们每天起早贪黑，却越来越消瘦，越来越贫困。而那些商人，那些教徒呢？他们挺着大大的肚子，喝着上好的咖啡，然后站在教堂的讲坛上对着这些可怜的人宣扬宿命论：富有与贫穷是命中注定的，工厂主高贵，工人下贱，这是上帝的安排，任何人不能违抗，只能忍受；人没有能力按照个人的意愿去期望幸福，更不能去创造幸福。人的这种能力只能由上帝随心所欲地赋予。

既然上帝决定了一切的存在，那么上帝是要拯救什么呢？上帝的拯救是要推翻自己的安排吗？既然要推翻自己的安排，那最初为何要如此安排？

恩格斯开始重新翻看圣经，重新研究教义。各种教义都是互相矛盾的，而乌培河谷的宗教信仰则汲取了十几个人对教义的解释，导致里面的矛盾丛生。恩格斯越来越迷惑了。他对照着圣经，迷茫地看着那些辛勤劳动的工

人，觉得心里憋得慌。这时厂主们走进了他的视线，他看到他们残酷地鞭笞着劳动者，大声怒骂，而工人饭还没吃完，却十万火急地赶着手里的活。可是晚上，他听到的却是他们数钱的声音、精致的餐叉交响的声音、为当天多赚的金钱碰杯的声音……恩格斯拿起手中的笔，愤然写出了积聚心中已久的怨愤和不满。他详述了青少年时期在乌培河谷的亲身经历，生动地揭露了那里的社会生活的各个阴暗面，抨击了宗教虔诚主义的伪善，痛斥了先定学说的荒谬，对当时的政治、经济、文化、教育等制度作了批判。这就是惊闻于世的《乌培河谷来信》。

1839 年 3 月，恩格斯匿名在谷兹科夫编辑的《德意志电讯》上发表了《乌培河谷来信》，这是恩格斯真正意义上的第一篇政论性文章，体现出了时代精神和民主思想，标志着恩格斯革命民主主义思想的萌芽！恩格斯在文中深刻揭露了工人非人生活的罪魁祸首即资本主义的工厂制度！而宗教虔诚主义则是资本主义工厂制度的帮凶，它宣扬资本主义工厂制度的合理性，从思想上麻痹工人！

《乌培河谷来信》投入乌培河谷的小湖中，马上激起了千层浪。苦难的人民欢欣鼓舞，虔诚派工厂主和贵族们愤怒至极，《爱北斐特日报》的编辑马丁龙克尔指责恩格斯是"蓄意歪曲事实"、"进行人身攻击"。

不久之后，虔诚主义和唯理论派进行了论争，广大读者的注意又转移回了宗教上。恩格斯感到十分懈怠、无力和孤独。这是一个人的战争，一个人的奋斗。宗教像一块大石头，压在了恩格斯的心上。当它束缚自己时，他极力想要摆脱它的束缚。可当真正摆脱它后，他却发现自己站在一个孤岛上，什么都没有，除了孤独就是苦闷，且无处可说。对岸的烟火勾起了他对过去的回忆，他曾经也是他们中的一员，甚至比他们更信仰上帝，他也曾在这份信仰中得到过幸福，现在却……

就在此时，恩格斯读到了施特劳斯于1835年发表的《耶稣传》。《耶稣传》揭示了《圣经》的真正来源，深刻地批判了宗教。《耶稣

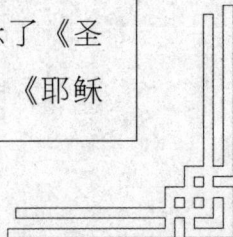

传》主要说明了在福音书中，即那些关于耶稣的神奇故事以及基督教义的起源中，神话起了巨大的作用。施特劳斯认为耶稣的神话有两个来源：一个是在犹太人中间存在的由"救世主"来挽救世人希望的神话。这个神话早就存在，耶稣死后，这个神话便附会在耶稣身上；另一个来源则是耶稣这个历史人物在当时产生的深刻影响，使人们把这些神话与他的政治活动结合起来。因此，施特劳斯认为，耶稣只是一个历史人物、一个政治活动家，而这些神话都是后来附会上去的。施特劳斯还认为，耶稣实有其人，但《圣经》是一本神话创作，它并不是目睹此事的人的记录，而是基督教社团长期加工的结果，它同福音书既有雷同之处，也因其加工的痕迹而与福音书有所区别。《耶稣传》为恩格斯解决了有无上帝这一长期苦苦思索的问题，从而根本上动摇了乌培河谷的信仰。

> 你们可曾听到，给我骏马和宝剑！
>
> 那要什么头盔和铠甲？

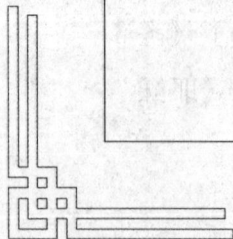

岂用侍从卫队后拥前呼？

我要的只是勇敢的思想。

汹涌的山泉飞泻而下，

喧腾地穿越山间林谷，

松树在它面前轰然倒下，

它却独自开拓前进的道路。

我愿像这股山泉，

为自己冲出一条道路勇往直前。

　　年轻的王子齐格弗里特，不愿在父亲精心安排的城堡中享受富贵荣华，却自愿在荆棘丛生的自由之路上艰难前进。恩格斯借助齐格弗里特表达自己勇往直前，摆脱传统束缚，寻求真理和自由的决心。

　　在这个征程里，恩格斯以诗歌和小说为武器，挑战封建专制主义制度，为民主要求争取生存空间；揭露宗教的伪善面孔，寻求理性的曼妙身姿。后来，恩格斯发现自己创作诗歌的能力并不高，为此他进行了严格地自我批评。诗歌成为他"愉快的补充"。

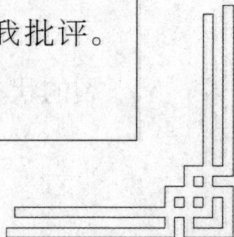

　　除此之外，在空闲的时候，恩格斯兴致勃勃地与同伴一起骑马、击剑，到威悉河游泳、乘船游览不来梅港湾，还兴致盎然地画人物素描，欣赏贝多芬坚强有力、富有青春气息的 C 小调交响曲，为赞美诗谱写乐章……

　　《乌培河谷来信》体现了恩格斯到不来梅以后，在"青年德意志"的影响下，政治、思想上有了较大进步。这个迈着大步子向着自由前进的青年会走向何处呢？正如雪莱所说："明天一定会到来！"恩格斯对祖国的前途充满希望，相信人民革命的洪流，一定会冲过密集的长矛，推翻暴政，消灭暴君，光芒四射的旭日即将从东方升起。

（二）参加青年德意志运动

　　19 世纪三四十年代，德国仍旧陷于四分五裂的状态，36 个大小不同的联邦国有着自己的

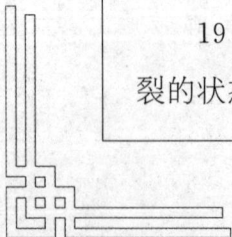

货币、税制和海关政策，缺乏统一的国内市场，加上各个联邦国强大的封建贵族实行反动的专制统治，德国资本主义的发展如同生了锈的机器，受到种种限制。思想舆论被严控，人民的权利被封杀，仿佛连呼吸一点自由的新鲜空气都是不被许可的。

1840 年，普鲁士国王弗里德里希·威廉四世继位，这并没有改变一切，君权至上的统治思想无疑给这个国家蒙上了一层厚厚的尘埃。维护封建专制利益的思想在这位国王这里得到了更充分的体现。流传的书报被禁锢，愚昧的宗教虔诚主义取代了原本就受到打压的民主主义，一切反映民主的思想，都被无情地扼制。

封建专制制度的实施不仅阻碍了资本主义的发展，而且给德国人民带来了深重的灾难。正如恩格斯所说："在这里，一切知识的来源都在政府控制之下，从贫民学校、主日学以至报纸和大学，没有官方的事先许可，什么也不能说，不能教，不能印刷，不能发表。"

19 世纪以来，以莱茵地区为典型的德国资

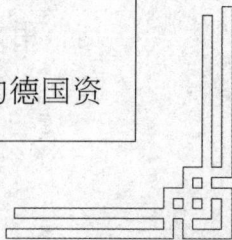

本主义深受英国的影响，资本主义工商业也开始了后劲十足的发展，封建主义面临日益严峻的考验。随着法国七月革命轰轰烈烈地进行，高昂的民主呼声也在整个欧洲徘徊。历经险阻穿越而来的民主思想让德国反对封建专制的声音也开始壮大。革命的序曲在哲学领域拉开了帷幕，文学形式开始蔓延，有识之士也开始了对封建专制和宗教神学的无情批判，思想的碰撞、对抗在报纸的传阅下展开了拉锯战。

法国的民主思潮，在德国的流传中唤醒了一批激进的民主主义者。19 世纪 30 年代，德国在白尔尼、海涅等这些激进的民主主义者的带领下，成立了"青年德意志"这样一个文学作家团体。"青年德意志"这个名称最先见于鲁道夫·温巴尔格的论文集《美学的征讨》，论文集的献词里写着："献给你，青年德意志……""青年德意志"团体里的作家们十分关心当时的政治问题，并且主张文学应该面向现实生活，用文艺作为工具，来传达他们关于政治和社会改革的自由思想，要求阶级平等、妇女解

放，反对落后事物，如教会、封建道德和其他反动势力。他们的作品反映了小资产阶级反对封建专制的意愿，宣传的自由民主思想，引起了青年们心灵的共鸣，极大地鼓起了他们反对封建专制、追求自由和民主的精神。后来恩格斯也说："他们由于作品质量高，从而得到其他大部分没有才华的作家的承认，并且把一切有才华的青年都吸引到自己方面来了。"1835年12月10日，由于沃尔夫冈·门采尔告密，德意志联邦议会颁布法令，将海涅、文巴尔克、谷兹科夫、劳伯和蒙特5位作家的作品封禁，但已经出版的作品仍旧广泛流传。

"青年德意志"作家们的作品无疑像一剂良药，给当时的德国打了一针清醒针。好学上进、追求自由的恩格斯被他们的作品深深吸引，并以自己敏捷的思维给每个"青年德意志"作家作了总结：光彩夺目的海涅，热情明朗的文巴尔克，生动精练的谷兹科夫……这些作家的民主主义思想，在恩格斯看来如同从浓厚的云层缝隙中照射下来的阳光，恩格斯读着

读着，会不自觉地出声赞赏。当他读到白尔尼为自由而斗争的伟大诗篇时，仔细研磨每个准确的词语、每句生动的语言。他常常因白尔尼新奇不俗的句子所传达出的自由思想而沉迷其中，因白尔尼引经据典的丰富学识而震撼，因白尔尼犀利的表现手法而拍手叫绝。

一天，恩格斯走在道路上，衣衫褴褛的人们络绎不绝，他们低着头，意志消沉地走进工厂，没有人停下来驻足打量这些衣衫褴褛的人。在封建专制的控制下，人们的精神逐步走向颓废。恩格斯被白尔尼所描述和批判的思想再次吸引住。

回到住处，恩格斯拿起笔，开始给自己的朋友弗里茨写信。在信中，恩格斯详细描写了"青年德意志"作家团体的思想，并在信中说："这些本世纪的观念并不像人们诬蔑的那样，是某种蛊惑人心的或反基督教的东西；它们建筑在每个人的天然权利之上，并且涉及现代关系中同这种权利相矛盾的一切事物。这些观念包括：首先是人民参加国家管理，也就是实行

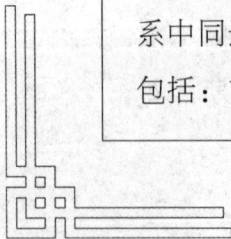

立宪制度；其次是犹太人的解放，取消一切宗教强制，取消一切门阀贵族，等等。对于这些，谁能反对呢?"恩格斯对于"青年德意志"作家们所体现出来的时代精神给予了高度赞扬。

"歌德死了，蒂克日益衰老，赫尔暮气沉沉，沃尔弗冈·门采尔继续写他的烦琐乏味的评论文。"从此，充满活力的思想从"青年德意志"这里开启，"所有这些本世纪的观念使我夜不能寐，当我站在邮政局旁，望着普鲁士国徽时，我浑身都充满了自由的精神；每当我拿起一份杂志阅读时，我都感受到自由的进步。这些观念正在渗入我的诗篇，并且嘲弄那些头戴僧帽、身穿银鼠皮裘的蒙昧主义者。"

虽然"青年德意志"中有些情绪和论调与时代精神不相符，虽然这个团体还存在缺陷，但恩格斯仍旧向朋友强烈地表达了自己的态度：我应当成为青年德意志派，或者不如说，我已经是一个诚心诚意的青年德意志派了。

最后，恩格斯在信中也动员了这位朋友参

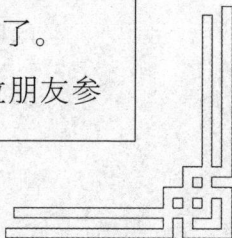

加。他说："不过，弗里茨，我跟你说，因为你就要当牧师了，所以，只要你愿意，你可以成为正统主义者，但是如果你变成一个斥责'青年德意志'，并且把《福音派教会报》奉为至理名言的虔诚主义者，那么，说真的，我可得对付对付你了。"

"青年德意志"运动，给予恩格斯极大的精神鼓舞，此刻他的精神风貌在他擅长的诗歌中得以体现。其中的《刀枪不入的齐格弗里特》，表现了他冲破传统、勇于追求自由和真理的决心；另一首《黄昏》，用丰富的象征手法，更有力地批判了封建专制的黑暗统治，为自由和革命谱写了一首雄伟的壮歌，更加坚定了他对革命民主主义的信仰。

恩格斯热情表达了自己追求自由的诗歌：

> 白尔尼就是那株巨橡，
>
> 当压迫者给德意志戴上枷锁，横加蹂躏时，
>
> 我曾依偎在它的枝干上。

是的，我就是这样一只勇敢的小鸟，

在自由的以太大海中翱翔；

尽管在他们眼中我只是一只雀儿，

但我宁愿做一只遨游世界的雀儿，

也不愿做一只笼中的夜莺，

为老爷们寻欢作乐而歌唱。

黎明总会来临，黑夜也将会离去，一轮红日在东方缓缓升起，那是人民伟大的力量，残酷的封建专制必将向如今还带着脚镣的民主和自由虔诚地下跪。基于此，恩格斯写道：

西方的霞光已经泛白，再等一等，

自由曙光就会出现；

黑夜正在消失，带走了它的苦难，

旭日东升，喷吐出不灭的火焰。

那时，不仅在我们撒种的地方，

初生的蓓蕾竞相开放，

整个大地都变成花园，

万紫千红吐露芬芳。

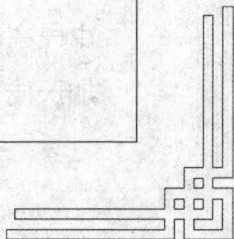

苍翠的草木把山河面貌改变，

和平的棕榈给北国换上新颜，

爱情的玫瑰把冰冻的原野修饰打扮；

橡树加快步伐迈向明朗的南方，

挥舞树枝当棍棒，把暴君砸烂，

谁使不幸的国家重享和平，

它就给谁戴上自己的叶片。

芦荟到处茁壮成长，

人民的精神就像它一样坚强。

人民也是那样生性憨厚，

那样淳朴、多刺，那样粗壮；

暗中燃烧着的自由火焰，

一旦冲破障碍，

发出隆隆巨响，

它将在谄媚者烧香之前，

向上帝奉献自己的芬芳。

　　"青年德意志"运动让这个热血青年对自由民主的追求更加强烈，对封建专制的黑暗更加厌倦。恩格斯也在这场运动中拿起了手中的笔，写出了散文、诗歌以及评论性文章并在《德意志电讯》上发表，这些文章如同一把离弦的箭，矛头一齐射向专制，在思想领域引起了强烈的反响。

（三）再见了，宗教信仰

恩格斯的童年是在一个虔诚信仰基督教的普鲁士家庭里度过的，一直接受着父亲极端的正统宗教思想和虔诚主义教育。在父亲老恩格斯的威严里，"无条件相信并服从教义上的所有规定"是他童年听得最多的话，即使后来去了巴门市中学，他接受的也是宗教信徒们的虔诚主义。宗教观念就像一个没有窗子的屋子，把恩格斯的幼小心灵关在里面。

17岁时，还处在学生时期的恩格斯曾对上帝产生过一种既盲目又圣洁的热情。1836年在行坚信礼时，恩格斯写诗表达了他对上帝的信

仰，希望上帝逐走邪恶，带走一切灾难，赋予人们幸福和解放，但是他从来不是一个虔诚主义者，因为他一贯对虔诚主义者的自私、伪善、贪婪、保守、恪守清规戒律、鼓吹禁欲主义以及扼杀个性自由等表示反感，后来他在给朋友的信中说："我从来不是虔诚主义者，我一度是一个神秘主义者。"

后来，直到离开家来到不来梅时，恩格斯经历深刻的思想斗争，才开始摆脱家庭、学校的宗教影响，此时，恩格斯毫不犹豫地走向光明，并逐渐向"无神论"开始迈进，留给宗教的只是一个背影。

如果说对巴门市中学老师们的反抗是一种渴求知识的战斗，那么此时他对宗教的反抗不仅是一次思想解放的斗争，而且是一次彻底的告别，他开始了对圣经和宗教的犀利批判。

特别是投身"青年德意志"运动后，在科学和宗教的尖锐矛盾中，恩格斯毅然决然地把科学作为一种武器，有力地握在手中，不再是一个初出茅庐的布道人，而是将科学、自由与现实的社会生活相关联。怀疑时时刻刻追问着恩格斯的内心，恩格斯当时的困惑体现在给朋友格雷培的信中，他说："我每天甚至整天都在祈求真理，自从我开始发生怀疑以后，我就这样做了，但是我始终不能转向你们的信仰。可是圣经上却写得明明白白：'你们祈求，就给你们。'我到处寻求真理，哪怕是有希望找到真理的影子；但是我始终不能承认你的真理是永恒的真理。"

科学与宗教的交锋，在恩格斯的心里激烈动荡。当时，达尔文的进化论已经初成端倪，"创世说"受到严峻的挑战；哥白尼的"日心说"理论开始占据上风，太阳围着地球转的荒谬理论受到强烈批判……以文学为载体的斗争走进现实生活，恩格斯给当时在柏林研究神学的朋友格雷培写信反驳道："当然，你在你的信仰中就像躺在温暖的被窝里那么舒适，你不了解我们这些人为了解决有无上帝这个问题而不得不进行的斗争；你不了解一个人随着最初的怀疑而开始感觉到的那种负担即旧信仰的负

担是何等沉重，当时他必须决定对旧信仰是维护还是反对，是承担它还是将它抛弃。"

强烈追寻真理的决心，让恩格斯像"青年德意志"中的作家谷兹科夫一样，试图在基督教和当下文化之间找到一个充分的切合点，可是由于缺少科学的世界观指导，明白两者之间的关系如同镜花水月。这个疑问的存在曾经让恩格斯苦恼不堪，所以他说："要是有人对实证的基督教采取傲慢态度，我就起来捍卫这个学说。"

对恩格斯来说，思想改变最重要的时期还是在不来梅学习经商的那两年，正是在这里，他经历了一个从宗教信仰者到虔诚主义批判者，再到无神论者的转化过程。

不来梅，为恩格斯摆脱家庭的宗教束缚和乌培河谷的宗教环境，提供了一个自由呼吸空气的天地。他并没有按着父亲的旨意去把"铁"炼成"钢"，而是走了另外一条路。在这里，他开阔了眼界，增长了见识，他每天可以听到许多世界新闻，接触各种各样的人物，阅

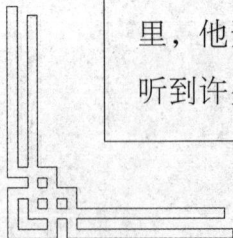

读各种各样的报刊，特别是书籍，文学的、哲学的、政治的、历史的……各种信息在这里迅速交汇，使善于学习的恩格斯不仅掌握了多种语言，而且很快看到了理性与宗教、民主与专制的对立。不来梅，为恩格斯自由思想的发展开辟了一条新的道路。

恩格斯对乌培河谷时期宗教信仰的真实性产生了怀疑，从而经历了为摆脱宗教束缚而引起的信仰矛盾和内心激烈斗争的过程。1839年，他在给友人格雷培的信中，表达了他对宗教的怀疑："我目前正忙于研究哲学和批判的神学，一个人如果满18岁并且知悉旋特劳斯，唯理论者以及《教会报》，那就应当要么不加思索地什么都读，要么开始对自己乌培河谷时期的信仰产生怀疑。"

在不来梅时期，通过对虔诚主义的强烈批判，恩格斯写出了第一篇批判宗教的政论性文章《乌培河谷来信》，并于1839年3月发表在《德意志电讯》上，这是恩格斯到不来梅之后对家乡乌培河谷的生活和信仰所作的反思，是

向蒙昧主义和神学提出的挑战。在这篇文章中，他深刻揭露了虔诚主义，它不仅反对哲学，谴责理性，主张一切感情服从宗教，而且还和原始资本主义相勾结，给家乡的人们带来了肉体和精神上的双重灾难。恩格斯还指出，在乌培河谷这个资本主义发达的地方，存在的弊端也最触目惊心，乌培河谷的工人们在低矮的房子里工作，吸进的煤烟和灰尘多于氧气，而且从小就是这样……这些人的最终命运，不是神秘主义者，就是酗酒，这里的市俗习气同宗教狂热病相结合（在不来梅还要加上卑鄙可恶的宪法），阻碍着人们精神上的发展。在精神上占统治地位的粗暴丑恶的神秘主义，使正常的人性扭曲，使人变为两种对立的畸形人——不是"正派人"（人们这样称呼神秘主义者），就是放荡不羁的地痞流氓。这两个敌对营垒，不管性质如何分化，本身就会断送人民精神的任何发展……即使是一些健康的人，只需过上三五年这样的生活，也会在肉体上和精神上丧失任何活力。

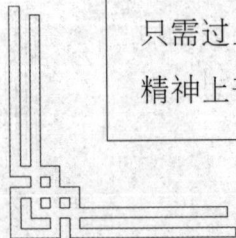

　　恩格斯还着重批判了宗教虔诚主义的实质。他指出，宗教虔诚主义的宗旨是反对一切进步思潮，排斥一切非宗教的活动和思想。作为虔诚主义真正中心的爱北斐特宗教改革协会，至今还在搞中世纪的宗教审判，甚至在任何情况下都是拿某个永远被认为是正教传教士的话来胡乱判断一切。而这些传教士又都是一些甚至连《圣经》用哪种文字写的都未必知道的人。整个乌培河谷全都浸没在虔诚主义和伪善的海洋里。

　　看过了工厂后的恩格斯，把精神压迫与工厂主的经济剥削联系起来，从而揭露了资本主义生产与宗教迷信和普遍贫困之间的必然联系。

　　虔诚主义精神散布到一切领域，渗透到生活的各个方面，受到这种精神影响的主要是教育事业，首先是国民学校。这些受教会管理的学校除了教学生诵读、书写和计算外，只是向学生灌输教义问答，这是对下一代心灵的毒害。

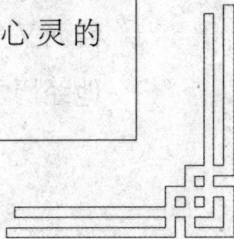

虔诚教派的理论基础是神学宿命论，扼杀人的自由和追求幸福的权力，用神的意志取代人的意志。恩格斯指出：一个人怎么会相信这些和理性、《圣经》根本矛盾的东西呢？是虔诚主义者千方百计地巩固了这个学说，因此假如人们同意这个学说的基础，其结果必然是宗教神秘主义，因为既然人们连期望幸福的能力都没有，那么上帝就应当授予人这种能力。

《乌培河谷来信》是恩格斯批判宗教虔诚主义的檄文，这时的恩格斯已经坚信"旧蒙昧主义已成为被时代激流冲刷的断崖，再也抵挡不住时代的巨流，沙石一定会被水流卷走，断崖一定会倒塌"。从此以后，恩格斯信心百倍地高举"要向整个正统神学挑战"的理性旗帜，对宗教神学的虚伪性、欺骗性及其与科学对立的荒谬性进行了无情的批判。

《乌培河谷来信》对虔诚主义的批判是批判宗教的第一步，随之而来的是一连串引人注目而又急剧的变化，在短短几个月的时间内，他经历了思想变化中的跳跃。

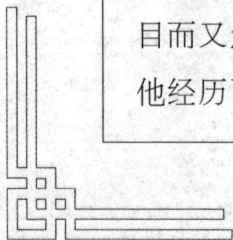

恩格斯从此抛弃了正统神学观，代之以唯理论的观点。虔诚主义是反对唯理论的宗教神秘主义和虚伪主义，恩格斯一直对宗教虔诚主义采取批判和否定态度。在批判宗教虔诚主义的过程中，他发现，作为正统神学的理论基础的《圣经》，多处自相矛盾，也与现实相矛盾，可以说作者有多少，矛盾就有多少。他指出："正统派所宣扬的（基督亲口说的话），在每一本福音书中都不尽相同。正是这些矛盾使人们对《圣经》的全部信仰就将化为乌有。正统派的目的不是要理性听从基督……他们要扼杀人身上神圣的东西，而代之以僵死的词句。"这时恩格斯已经开始用唯理论的观点对原罪说进行实质上的否定，他说："我现在以及将来都不能相信一个诚心尽力做好事的唯理论者要永远堕入地狱。"为此恩格斯宣布"我抛弃了正统思想"。

在不来梅急风暴雨式的思想洗礼中，恩格斯实现着思想的不断自我更新。后来，恩格斯有幸读到了大卫·弗里德里希·施特劳斯的作

品《耶稣传》。在这本书中，作者否认了基督教的神圣意义，否认了所谓最终真理的存在。从此，"上帝有无"这一问题不再困扰恩格斯的心灵，进而抛弃了在乌培河形成的宗教信仰，并以胜利的口吻对朋友格雷培说："小伙子，你现在就听我说，我目前是一个热心的施特劳斯主义者了。你们这就来吧，现在我可有了武器，有了盾牌和盔甲，现在我有把握了；你们就来吧，别看你们有神学，我也能把你们打得落花流水，使你们不知该往哪儿逃！"

他开始走向哲学理性主义，试图用哲学的原则来解释宗教。当他接触到施特劳斯的《耶稣传》后，增强了用哲学解释神学的兴趣。此时他把哲学当作一种伟大的"启示宗教"，认为哲学是比理性所理解的上帝更伟大的东西。他说："没有哲学就没有教育，没有教育就没有人性，没有人性就没有宗教。"在 1839 年 6 月的一封信中，他表达了这种看法，他说："我只能直率地告诉你，现在我已经得出这样的结论：只有能够经受理性检验的学说，才可

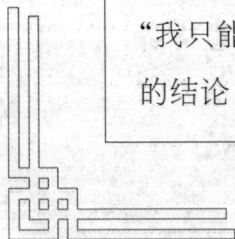

以算作神的学说。"

经过这一段思想斗争和探索，恩格斯最终抛弃了宗教信仰。

（四）以笔为匕首的思想斗争

16世纪以来，德国不断卷入战争，巨大的损失和破坏造成德国社会经济严重落后，再加上德国被36个互相矛盾的君主任意分割，封建压迫束缚着农业和商业的发展，愚昧而专横的官僚统治对一切事务都严加监视。这不仅压抑了资本主义的发展，而且给德国人民带来了深重的灾难。

在各邦封建君主的反动统治下，群众政治权利被剥夺，思想舆论被严密控制，"在这里，一切知识的来源都在政府控制之下，从贫民学校、主日学以至报纸和大学，没有官方的事先许可，什么也不能说，不能教，不能印刷，不

能发表"。封建专制的束缚渗透到了社会的每一个角落。在这里，人民只是封建专制下的一头头老黄牛，被牵着鼻子走。

有一首诗这样写道：

> 黑夜里，我独自驱车，
>
> 行驰在我们熟悉的德意志国土上，
>
> 这里到处都被强权压制，
>
> 人们胸中燃烧着怒火万丈——
>
> 因为历尽艰辛赢得的梦寐以求的自由，
>
> 又被剥夺，
>
> 那些恶毒的舌头，
>
> 正当众把它辱骂。
>
> 浓雾笼罩着远方的草原，
>
> 白杨静静地沉睡在路旁，
>
> 偶尔被习习微风吹醒，
>
> 随即又深深进入梦乡。
>
> 夜空明澈，新月如镰，
>
> 像达摩克利斯的利剑，
>
> 高悬在黑沉沉的首都上空，

圣怒远震四方，不可阻挡。

恶狗一群在车后窜跳，

按照敕令狺狺狂叫。

它们不正像首都的那帮文痞？

因嗅出我的自由精神而焦躁。

　　在封建专制制度下，劳动人民遭到最残酷的压迫和剥削。特别是没有摆脱农奴地位的农民，还必须忍受人身依附关系和世袭法庭专横暴戾的统治。有的人不得不背井离乡，漂洋过海，到国外谋生。

　　除了封建制度的控制，随着德国工业的发展，随着大机器的轰鸣声，德国资本主义不断壮大，工厂主们也被利益迷昏了双眼，而工人们则被他们带入了无尽的苦难中。

　　工人们没有固定的工资收入，只是一味地出卖自己的劳动力。白天干的是最辛苦的体力活，晚上住的却是干草棚、马厩，大部分时间呼吸着有大量煤灰的空气，这就是工人们的一天。在工人们中，有很多的童工，稚气未脱的

脸颊总是黑黑的，失去了朝气。很多工人在这种环境中死于肺部疾病。

如果说工人生活的物质条件无法使人接受，那么精神上的虔诚主义，更是让工人们百倍煎熬。工厂主们大多是虔诚的宗教信徒，他们认为工人们的劳动是应该的，因此对工人们进行着无休止的压榨和剥削。尽管广大人民群众给他们做牛做马，但工厂主们的心灵却是轻松愉悦的，在他们看来，只要经常到教堂做虔诚的礼拜，就没事了。

封建制度再加上无情的剥削制度，给本应该自由的人民群众戴上了脚镣和手铐，而他们却认为，这是人民"罪有应得"的。

社会向前发展的希望几乎看不到，更不可能在人们的沉默中进步。在不来梅的两年时间里，恩格斯的思想发生了深刻的变化，虽然思想上摆脱了宗教的信仰，但是在与社会打交道的同时，他对德国的专制制度却越来越感到不满。在多数人的沉默中，恩格斯怀着对劳动人民的深切同情以及勇敢的精神，对封建制度展

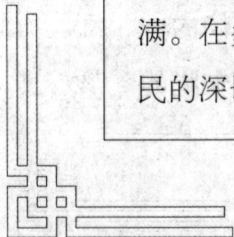

开了犀利的批判。

从小在巴门长大的恩格斯，无比同情那些贫困的工人们。一个人反抗的力量是微不足道的，所以恩格斯拿起了手中的笔，希望用思想的力量唤醒人们内心沉睡的意识。

报刊变成了恩格斯的主要批判阵地，他脑海里总是浮现出祖国人民的灾难，于是他大呼："我们要走出去，跨入自由的天地，冲决谨小慎微的束缚，为夺取生活的桂冠，为有所作为而奋斗。"

《乌培河谷的来信》的发表，在巴门和爱北斐特引起了强烈的反响，劳动群众们内心的呼声由此日益高涨，赞赏声不绝于耳，而工厂主们感到了前所未有的巨大压力，在辩护的同时极力要求报刊停止刊登此类文章，为此恩格斯还受到《爱北斐特日报》编辑马丁·龙克尔的指责，恩格斯对其给予了强烈的回击："我在爱北斐特和巴门住过，并且具备了十分有利的条件去仔细观察各阶层的生活。"并针对马丁·龙克尔所批评的"恩格斯只注重揭露乌培

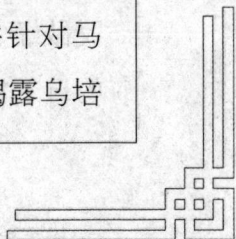

河谷的黑暗面，而看不到光明的一面"作出重申：就乌培河谷总的方方面面来说，根本就找不到一件完全光明的事物。这篇文章充满了高昂的斗志和强烈的批判精神，如同一把锋利的匕首，深深地插进了封建专制和剥削制度的心脏。

恩格斯还把许多被查禁的书籍输入普鲁士境内，毫不留情地批评了各国在位的国王。"只有国君被人民打了耳光而脑袋嗡嗡响时，只有他的宫殿的窗户被革命的鹅卵石砸得粉碎时，我才能期待国君做些好事。"他指出：无论是笃信宗教的法国国王查理十世，阴险的西班牙国王斐迪南七世，只会签署死刑判决书的奥地利的弗兰茨，血洗葡萄牙的唐·米格尔，俄国的杀父犯亚历山大以及不愧为他弟弟的尼古拉，都应该处以死刑。普鲁士国王威廉三世更是一个残杀人民的恶棍。对这些反动家伙绝不应该存在任何天真的幻想，他们绝不会替人民做好事。恩格斯的一首诗歌《德意志的七月的日子》这样写道：

狂风卷起千堆浪，暴风雨袭来，狂烈凶猛！

怒海波涛如人立，小舟逐浪，起伏颤动。

旋风从莱茵河呼啸而来，把乌云聚集在天空，

它摧裂橡树，扬起尘柱，推波助澜澎湃奔腾。

我在颠簸的小舟中不由得想到你们——德意志各邦君主！

忍辱负重的人民曾经肩负着你们高踞的黄金宝座，

胜利地走遍祖国大地，赶走了冒险的征服者；

就在那时，你们胆大妄为，你们背弃了一切诺言。

现在，暴风雨从法兰西向我们袭来，人民群众此伏彼起，

你们的宝座和小舟在暴风雨中飘摇，你们的权杖即将落地。

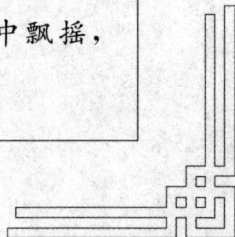

他说："要抛弃感伤的小曲，用响亮的军号吹起猎取暴君的号音，要挥舞利剑，冲向雷雨和风暴；要以战斗的胜利，迎接东升的旭日。"法国七月革命中，群众的力量使专制脱去了圣袍，袒露出赤裸裸的躯体，即使摇旗呐喊，专制主义再也不能呼风唤雨。恩格斯看到了群众的力量，他相信专制的坟墓将会由千千万万为自由搏击的群众掘开。

当群众愤怒的时候，胜利就像黎明，不管之前有多黑暗，总会来临。恩格斯用诗歌表达了对未来的预见：

瞧，东方正在破晓，清晨即将来临，
它委派启明星做先行。
自由的钟声把世人催醒，
钟声预告：不是暴风雨，是欢乐的和平！
精神之树以巨臂般的粗根，
把旧时代的残余鞭成齑粉，
然后，为各国人民的繁荣，
把美丽的鲜花撒遍大地！

之后，恩格斯发表了很多诗歌和文章，民主主义成为支撑这些诗歌和文章的脊柱，如同迫击炮一般猛烈地飞向专制和剥削制度的阵地，又如同一把匕首扎进专制和剥削制度的心脏。

（五）转向黑格尔青年学派

在恩格斯的思想变化中，"青年德意志"无疑加速了恩格斯成为革命民主战士的步伐，但随着恩格斯的思想逐渐臻于成熟，虽然他完全承认了谷兹科夫和其他"青年德意志"分子著作中的积极成分以及进步的社会思想和政治思想，但他对"青年德意志"局限的认识也不断加深，恩格斯认为，他们在政治上和世界观上是彼此冲突的，因为他们并没有受统一的哲学思想和世界观的熏陶而集合在一起，他们没有一个统一的、合理的指导方向。他们崇拜主

观随意性和自私自利，相互反对、相互贬低，在反动统治的权力面前妥协退缩，并且空洞华丽的辞藻承载不了厚重的思想，加上他们悲观厌世的情绪，不能为德意志民族的进步而服务，"青年德意志"所展露出的光芒逐渐失去了以前的力量。恩格斯也对"青年德意志"不再抱有希望。

后来，青年德意志分子的精神逐渐空虚，而恩格斯的革命民主主义思想却不断加深，他大踏步转向了青年黑格尔派。后来列宁也说过："哲学上的钻研，使他更前进了，当时在德国哲学界占统治地位的是黑格尔学说，于是恩格斯也成了黑格尔的信徒。"

对恩格斯来说，黑格尔的辩证法思想不仅为革命送去了有力的武器，也为恩格斯打开了寻求真理的大门。当精神有了寄托，恩格斯是快乐的，他曾兴奋地给朋友写信说："我心潮澎湃，我那有时不够冷静的头脑炽烈地燃烧；我竭力探求一种伟大的思想，以启迪我心灵中的困扰，并使热情燃成熊熊的火焰。"热情在，真理往往就不再遥远。恩格斯在不来梅经商时，曾阅读了青年黑格尔分子施特劳斯所著的《耶稣传》，这本书推翻了前人的定论，指出"福音书"上的记载并非真有其事，不过是神话、民间传说和宗教团体杜撰出来的。这从根本上动摇了人们对宗教教义和上帝的信仰，也使得恩格斯逐渐告别了宗教信仰。恩格斯高兴地告诉朋友格雷培："我正处于成为黑格尔主义者的时刻。我能否成为黑格尔主义者，当然还不知道，但施特劳斯帮助我了解黑格尔的思想，因而这对我来说是完全可信的。"当谢林在柏林大学攻击黑格尔哲学时，恩格斯在青年黑格尔派中第一个挺身而出，捍卫大师的荣誉。

早在 1839 年，恩格斯就开始了对黑格尔哲学的研究，这一时期他阅读了黑格尔的《历史哲学》和《哲学史讲演录》，他像一个不知疲倦的淘金者，在黑格尔哲学的思想中淘着"金子"。他被黑格尔关于一切事物都在运动、发展、变化的思想深深地吸引。他满怀激情地

写道："当黑格尔这位最了不起的哲学家的神的观念，十九世纪最宏伟的思想，第一次呈现在我面前的时候，一阵幸福的战栗在我身上掠过，宛如从晴空飘来的一阵清新的海风吹拂在我身上；思辨哲学的深邃，宛如无底的大海展现在我面前，使那穷根究底的视线，怎么也无法从海上移开。"

黑格尔是德国古典主义哲学的集大成者，他继承前人丰富的辩证法思想，并经其系统化的概括，围绕思维和存在的关系，创立了令人叹为观止的客观唯心主义体系。恩格斯曾经指出：黑格尔的巨大贡献在于，他第一个把整个自然的、历史的和精神的世界描写为一个不断运动、变化的过程，并试图揭示这种运动和发展之间的关系。黑格尔的学说，彻底打破了形而上学的世界观，它不仅反映了当时德国资产阶级的革命性与软弱性，也在一定程度上反映了当时整个西方资产阶级的特点，结束了人的思维和行动的一切结果具有最终性质的看法。他的唯心主义哲学体系提出了有价值的辩证法思想，认为整个自然的、历史的和精神的世界是在不断地运动、变化和发展着的，而其内部矛盾乃是发展的源泉。这也为马克思、恩格斯批判地继承黑格尔辩证法、创立唯物辩证法提供了重要依据。

在政治上，黑格尔是保守的，他认为"绝对观念"是宇宙之源、万物之本，世界的运动变化乃是"绝对观念"自我发展的结果。在他看来，普鲁士王国是体现"绝对观念"的最好的国家制度，所以在一定意义上说，黑格尔的哲学是为普鲁士专制制度辩护的。黑格尔也因此被普鲁士国王聘为青年的导师，黑格尔哲学也被奉为国家哲学。

伴随着欧洲革命轰轰烈烈地进行，德国的封建专制受到了强烈冲击，资产阶级力量的不断壮大，备受压迫的无产阶级也如同雨后春笋般登上了历史舞台，社会矛盾日益显现。黑格尔哲学中的保守派不能满足资产阶级的需求，最终走向了分裂。1831 年，黑格尔感染霍乱在柏林去世，黑格尔学派逐渐分裂为老年黑格尔

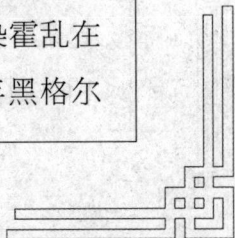

学派和青年黑格尔学派。老年黑格尔学派重视黑格尔形而上学唯心主义体系，在调和黑格尔与宗教神学的关系上，甚至不惜用宗教神学来修正黑格尔哲学，在政治上，他们依旧维护封建专制。青年黑格尔学派推崇黑格尔哲学的辩证法，力图从他的辩证法中引出革命的、无神论的结论，反对形而上学的体系，在政治上，他们强烈反对封建专制，主张变革。后来，激进分子卢格公开批判普鲁士国家制度，赫斯开始宣传空想共产主义。可以说，青年黑格尔学派运动是德国资产阶级民主派发起的思想解放运动，正是因为这种性质，恩格斯被深深地吸引，并最终从"青年德意志"转向青年黑格尔学派，并成为运动的核心人物。

恩格斯摆脱了"青年德意志"分子的主观主义和个人主义，他相信黑格尔哲学，这种哲学宣告在社会生活中合理的东西必然向更高阶段发展，它能够把一切进步的思想和力量综合起来，并引向统一的、同理性的更高发展阶段相一致的方向。恩格斯相信，黑格尔哲学对于德国，正如 18 世纪唯物主义哲学和启蒙思想对于法国和法国革命一样，具有同样的革命意义。

青年恩格斯虽然被黑格尔哲学的博大精深所倾倒，但并没有被黑格尔保守的政治思想所束缚。恩格斯吸收了黑格尔的辩证法思想，认为世界历史就是人们不断争取自由、发展自由的战斗历程。对于黑格尔将普鲁士制度看作是最理想国家制度的观点则给予了强烈批判，1840 年发表的《时代的倒退征兆》一文中，恩格斯表达了自己对历史的看法："我宁愿把历史比作信手画成的螺线，它的螺纹绝不是很精确的。历史从一个看不见的点徐徐开始自己的行程，围绕着这个点缓慢盘旋移动；但是，它的圈子越转越大，旋转越来越迅速、越来越灵活，最后，简直像明亮的彗星一样，从一个星球飞向另一个星球，时而擦过，时而穿插过它的旧轨道。而且，每转一圈就更加接近于无限，谁能预见到终点呢？"这一观点已经超越了黑格尔的保守思想。恩格斯从黑格尔的辩证

法中得出了革命政治结论，并试图将先进的哲学与革命的政治斗争结合起来，也就是将白尔尼的为自由、平等、人民主权而进行政治斗争的思想和黑格尔的辩证法思想结合，进而将理想变为现实。恩格斯说："我们时代的任务就在于完成黑格尔思想和白尔尼思想的相互渗透。"恩格斯看到了黑格尔强调的思想与精神能动作用的片面性，以及忽略实践的错误，后来这也成为导致恩格斯与黑格尔学派分裂的原因。

恩格斯当时认为，相互矛盾的意识形态之间的对立不是阶级利益对立的表现。他认为这只是老一代和年青一代的对立。年青一代已被符合潮流的思想唤醒，并开始了实践，他们将战胜老一代，战胜过去，有效地解决矛盾，因为他们已经掌握了真理。恩格斯也论证了黑格尔哲学对于革命地改造德国的政治关系和社会关系的重大意义，他说："今天的青年已经深入了黑格尔学派。一些种子已经冲破体系的干壳，在青年人的心胸中茂盛地成长，但是这也就产生了对时代的最大信念，相信现时代的命运不取决于软弱的谨小慎微、不取决于因循成习的老年人的庸人习气，而是取决于青年人高尚的不可抑制的火一样的热情，因此我们正当年少和充满热力的时候，我们要为自由而奋斗；谁知道，当老年悄悄来临的时候，我们是否还能从事这种事业呢！"

怀着这种精神和战斗热情，恩格斯结束了在不来梅的经商生活，回到了故乡，此时，根据普鲁士法律规定，恩格斯必须要去服兵役。恩格斯为了远离父亲的经商教导和宗教信仰，开始了柏林军营之旅，从此，恩格斯又一次离开父亲，走向了人生道路中的重要转折点。

（六）炮兵下士和柏林大学的旁听生

1841 年 3 月，恩格斯离开不来梅，带着对家人的想念，回到了故乡巴门，工厂的规模不

断扩大，巴门市周围的环境污染比之前更加严重，那些曾经的娱乐场所也不复存在……一切依然如故，而此时的恩格斯，已经成为脱离宗教信仰，又对封建专制和剥削制度大加批判的时代弄潮儿。

为了脱离呆板枯燥的生活，在这一年 5 月，恩格斯前往瑞士和意大利旅行。他从毫无生机活力的巴塞尔出发，攀登了余韵悠长、翠峰穿空的阿尔卑斯山，乘船游览了薄雾缭绕、清幽静谧的瓦伦斯泰特湖，欣赏着莱茵河的秀美风光……对着巍峨耸立、直插天穹的高山，恩格斯倾诉了自己失恋的苦痛："还有什么样的悲痛比一切个人痛苦中最高尚、最崇高的痛苦即爱情的痛苦，更有权利向美丽的大自然倾诉呢？"大自然总能给人心灵的慰藉，当恩格斯乘船越过英雄胡登的陵墓时，这位伟大的英雄的呐喊声仿佛随着浪声响彻在恩格斯的耳畔，冲散了恩格斯的悲伤，取而代之的是面对新生活的激情。

旅行结束后，恩格斯回到故乡，单调的生

活依旧，父亲的担心越来越强烈，对于恩格斯的所作所为，父亲试图通过批评的方式让其回归"正道"，可是，对于即将 21 岁的恩格斯来说，有了独立的思想和判断能力，自己就像上了膛的子弹，开枪后的轨迹就由自己决定了，何况父亲的批评不正确呢！父亲的批评只能增加他的厌恶情绪，所以，在巴门的这个夏天，恩格斯除了偶尔与弟弟们练习击剑、带妹妹郊游、去同学家做客外，每天都埋头读书，无论父亲怎么说，都无济于事。

1842 年 9 月底，恩格斯到柏林服兵役，10 月 1 日正式向近卫军炮兵旅司令部报到，由此他开始了普鲁士王国的军营生活。

柏林当时共有十五座兵营，恩格斯被编在库弗尔格班广场兵营，在第十二近卫炮兵连当炮兵。按照军营规定，服役一年的士兵，制服和膳宿费用需要自己出，粮草费和养马费另出。恩格斯在兵营附近租了一间楼房，并布置了一个舒适典雅的住处，日常生活琐事由勤务兵处理，这是兵营为一年义务兵所提供的一项

特权："自选住处，公家付款。"恩格斯选这个地方为住处，为他后来到柏林大学去旁听和学习提供了很好的条件。

普鲁士王国等级森严，兵营的生活枯燥乏味，恩格斯对此十分厌倦，对于一些无聊的任务，恩格斯往往不去执行，特别是每个月去一次教堂听牧师布道，在恩格斯看来是索然无味的，在以后的时间里，恩格斯都想方设法逃避。

恩格斯唯有对于普鲁士王国的军事训练很感兴趣。兵营的训练是十分严格的，每天早晨八点到十一点半在广场上进行队列训练，经常也练习射击，作为炮兵的恩格斯经常手持又长又粗的大炮通条，围着大炮轮子不停地奔跑。由于恩格斯体格健壮，训练时尽职尽责，表现优秀，很快被提升为下士炮手。恩格斯看着自己这身镶着金边和金带的下士制服，兴奋地给他的妹妹玛利亚写信："这样一来，你对我可要毕恭毕敬才是。因为我当上了炮手，我有权对整个普鲁士军队里所有的列兵发号施令，所

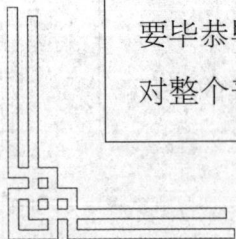

有的列兵都向我敬礼。"恩格斯的兵役圆满结束，上尉冯·韦德尔给恩格斯签发了"服役期间品德和执勤均表现优异"的证书。

这一年的兵营训练，让恩格斯开启了对军事科学的兴趣，他在闲暇时间里，学习研读有关军事历史的书籍，这为后来马克思主义军事科学理论的创立奠定了基础。

除了对军事科学的研究外，服兵役期间，恩格斯还经常参观柏林有名的古迹，了解历史的发展，其间收获最大的就是到柏林大学做旁听生。

柏林是一座历史悠久的城市，是德国政治权和政治统治权的重要阵地，坐落在柏林的柏林大学，可谓是"群贤毕至，少长咸集"，云集了黑格尔、谢林、费尔巴哈等著名教授，这些教授却代表着不同的学术派别，因而这里自然而然地成了当时德国学术活动的中心。

"柏林大学的荣誉就在于，任何大学都没有像它那样屹立于当代的思想运动之中并且像它那样使自己成为思想斗争的舞台。"正是基

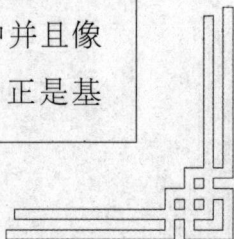

于此，恩格斯以旁听生的身份进入柏林大学的讲堂，倾听著名教授的讲课，恩格斯认识了各种学派的学术观点，并对其进行了比较。

然而，当恩格斯来柏林的时候，马克思已经离开这里。两位革命导师错过了会面的机会。但在与友人的交流中，马克思的渊博学识、革命品质、战斗精神给恩格斯留下了深刻的印象。

21 岁的恩格斯在这里认识了著名哲学家谢林。当时柏林大学是黑格尔哲学的大本营，对封建专制和宗教神学的激烈批判以及民主主义思潮和自由主义令普鲁士统治阶级恐慌，普鲁士政府邀请谢林到柏林大学，想通过谢林"降伏黑格尔哲学这条喷吐不信神的火焰和晦涩难解的烟雾的凶龙"。

1841 年 11 月 15 日，谢林的演讲吸引了社会上各种各样的人，学究、名流、学者等列坐其次。谢林滔滔不绝地讲述他的启示哲学，台下不时传来小声的议论声，其中，一个年轻人认真地听着，手里的笔不停地记着，这个年轻

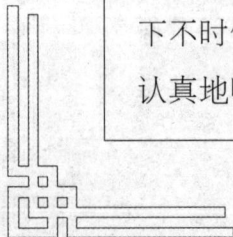

人不停地思索，感觉总有些地方存在不足，但还没有找到。后来，时间也证明，谢林的这场演讲就如同一个被吹鼓了的气球，看起来很圆满，殊不知一根细细的针就能结束它华丽的外表。也就是在几个星期后，这个不被人注意的旁听生，对谢林的演讲批评得体无完肤，他就是恩格斯。

谢林的演讲，让柏林大学陷入平静，黑格尔的学生马尔海奈凯教授就针对谢林的批判作出了回应，他带着讽刺的口吻冷静地说："不错，现在谁也不会自认为如此才疏学浅，以致不能反驳黑格尔及其哲学，……可是所期望的这种反驳现在还没有，而且，只要不是平心静气地对黑格尔进行科学探讨，而是采取激怒、仇视、忌妒，总而言之采取狂热的态度，只要有人认为有了诺斯替教派和幻想就足以把哲学思想从它的宝座上推下来，所期望的这种反驳就不会有。这种反驳的首要条件当然是正确地理解对手，看来，黑格尔在这里的某些论敌好像是和巨人搏斗的侏儒，或者像那位更加著名

的、同风车搏斗的骑士。"这位教授的演讲谨慎而不失幽默感，大方而不做作，鲜明的论据有力地回击了这场哲学上的论战，恩格斯对这位信心百倍的教授肃然起敬。

这种激烈的学术探讨，不仅使德国的封建主义、宗教神学和自由主义、人民民主主义之间进行了激烈的论战，也使恩格斯开阔了视野，激励了他在思想方面的战斗精神，恩格斯这把预热的剑正蓄势待发。

（七）批判哲学家谢林

谢林坐在高高的宝座上，远远地拉开他和他的信徒之间的距离，激情地宣扬："黑格尔根本没有自己的体系，不过是从我伟大的思想中拾取残羹剩饭以勉强维持生存而已！由于我无暇顾及，他便承担起了整理否定哲学的工作，并且因为我竟托付他做这件事而感到无限荣幸：他毕竟在伟大思想家的行列中还占有一席地位；尽管如此，他仍然一无所获，因为他妄图把半个哲学变成一个完整的哲学……"听到这里，恩格斯气愤极了，他怎么也没想到这位曾经备受尊敬的教授品行竟然如此低下，满嘴胡话，把 19 世纪德国哲学的发展成果全部收入囊中，大言不惭地说这些都是依附于他的成果……天啊！黑格尔、甘斯、费尔巴哈、施特劳斯和卢格这些伟大的思想家，这些所有的历史精粹和成果，竟全部被他抹杀了……

当恩格斯正沉浸在自己的愤怒中时，周围却响起了热烈的掌声和此起彼伏的喝彩声，恩格斯暂且放下了自己的愤怒，他想知道这到底怎么了，这时有声音传入了恩格斯的耳朵："在明年复活节以前，黑格尔主义终将崩溃，无神论者和非基督教徒将统统死光！"黑格尔派的青年们紧紧地并肩站着，看着台上得意扬扬的谢林以及台下被谢林的言论鼓舞起来的疯狂信徒。一道长长的鸿沟横亘在谢林和他的信徒之间，高高的宝座宣告着无上的权力，可

是，它却离开了实实在在的土地。而黑格尔派的青年们，踏踏实实地站在的土地上，携手并肩，目光平和，眼睛清澈。

当所有喧嚣的声音暂停下来时，谢林继续一本正经地宣告对基督的信仰业绩和启示奇迹，听到这里，恩格斯感到深深的悲哀，为黑格尔，为谢林自己，为现在兴高采烈的普鲁士统治者。

谢林，黑格尔杜宾根神学院的同窗，黑格尔青年时代的知音，黑格尔革命道路上的战友。他们曾经彼此面红耳赤地争执，曾经深更半夜悄悄地诉说彼此的理想抱负。他们彼此鼓励，彼此帮助，共同进步。在那些无人理解的日子里，在那些遭主流政治思想打击的日子里，谢林鼓励着黑格尔，他使黑格尔相信真理迟早都会打败那些谎言，他陪着黑格尔继续进行自然哲学的研究。在他们的共同努力下，他们收获了饱满的果实。作为德国古典哲学的代表人物，谢林在自然哲学中提出自然界辩证统一的原则和对立斗争的思想；在历史哲学中他

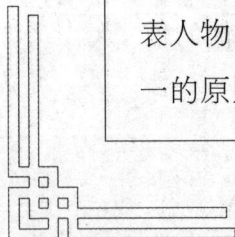

对封建专制制度作了一定的批判，指出"这种制度的景象实在最卑鄙而令人愤慨，在这种制度下，占统治地位的不是法律，而是组织者的意志和专制……所有这一切都不能不激起那种把法视为神圣的人的义愤。"他缜密的哲学思维、不畏强权的勇气、睥睨权威的雄辩，给他整个人披上了一层金灿灿的光辉，给迷茫行进中的青年指明了前进的方向。青年们奔走相诉，诉说着这位谢林教授是如何勇敢，把思想的矛直接指向了当局的黑暗统治；他的思想如何使他们着迷得不能自拔；他与黑格尔是如何的感情深厚；他们是如何羡慕黑格尔有这么一位挚友……黑格尔也怀着感激的心情，祝贺这位知心好友终于获得了早就属于他的荣誉。谢林是一柄寒光闪闪的锋利宝剑，当他举起剑劈向腐朽的封建专制制度时，他也用光芒点燃了青年们的激情。他的寒光只针对普鲁士的卑鄙统治，当面对苦难中的人民时，他的寒光就变成了温情脉脉的火光，不仅指明了前进的道路，还给途中行进的勇士送去了温暖。

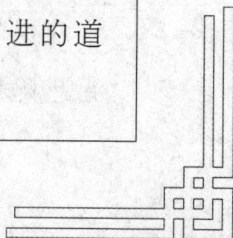

可是，这是青年时代的谢林，这是属于黑格尔战友的谢林，这是燃烧着一切的谢林。

后来，随着法兰西第二帝国的复辟，这位黑格尔曾经的战友，却与他分道扬镳了。

谢林转向封建专制制度，借助虚无的魔法，从不可追溯存在的无底深渊把蹒跚的上帝召唤出来，尊上帝为世界的来源，虔诚地跪拜在上帝那皮肤松弛、布满褶子的脚下，回到他想象中最后的归宿。而上帝这位老人呢，正努力地挣扎着睁开眼睛，看看近日门庭稀落后意外的来客。可是，上帝太老了，老得连睁开眼睛对他来说都是困难的事了，更不要说评判世间的公正了。

谢林，成为了科学的敌人、宗教的拥护者、基督的哲学家。

此时，最高兴的是普鲁士王朝，上帝已经失去任何力量了，世间的规则将由他们随意制定。而且，现在还有了一个得力的帮手。他身上集结着万千人的信仰，而此时的他也毕恭毕敬地跪拜在上帝的长榻前。所以，普鲁士的统治者在继续专制统治、加强对人民暴力压制的同时，也拿出了手中的王牌——谢林，借助他来制止革命，宣扬"救世主力量"、"革除不信神的咒语"，铲除反动的黑格尔哲学，打败欣欣向荣的青年黑格尔派。

在苦苦劝说仍无果后，黑格尔继续风雨兼程，向前行进。黑格尔提出：精神是第一性的，自然界是第二性的；在自然界和人类社会存在之前就已经存在的"宇宙精神"或"绝对观念"是一切事物的源泉；自然的、社会的以及人的思维现象，都是"绝对观念"的表现。黑格尔的哲学中，包含着辩证法这个"合理的内核"。

黑格尔成为历史上第一个全面地、有意识地叙述辩证法一般运动形式的哲学家，第一次"把整个自然的、历史的和精神的世界描写为一个过程，即把它描写为处在不断的运动、变化、转变和发展中，并企图揭示这种运动和发展的内在联系"。黑格尔集以往哲学发展的大成，创立了一个属于自己的庞大的客观唯心主

义哲学体系，终于实现了自己的理想，成为了德国古典哲学的主要代表。

恩格斯认为，黑格尔哲学的真正意义在于"它永远结束了以为人的思维和行动的一切结果具有最终性质的看法"。他关于合理性和现实性的论述，包含着革命的思想。因为，"按照黑格尔的思维方法的一切规则，凡是现实的都是合理的这个命题"，恩格斯提出了另一个命题：凡是现存的，都是应当灭亡的。恩格斯认为，黑格尔是一个独立勇敢的思想家，他不仅在自己擅长的领域里，而且在不能凸显自己的领域里，都超越了自己的时代。

黑格尔哲学的广泛传播，对国民的影响与日俱增，而谢林仍旧沉溺于上帝的伟大里，背起了重重的十字架，力图使哲学成为神学上的婢女。前后不连贯的观点，随心所欲的理论，武断的见解，东拉西扯、杂乱无章和漏洞百出的语言，构成了谢林体系的大厦，马克思评价道："谢林的哲学——就是在哲学幌子下的普鲁士政治。"

黑格尔死后，他所创立的学说却比任何时候都更有生气地活在他的学生中间；他所创立的学说，推动着人们去认真探讨一切与科学和实践有关的迫切问题。黑格尔哲学在讲台上和文献中活力四射，镇定自若地继续深入阐述，继续同人民进行深入地交流，继续进行深刻地思索。此时，普鲁士统治者生气了，恐惧了，他们害怕国民被这样的"妖言"蛊惑，不再相信伟大的上帝的存在。于是，他们又搬出了谢林，把他放在高高的宝座上，放在人民的面前，人民需要仰视着他和他的那些理论。

于是，这位曾经的战友、密友、知音，便在黑格尔逝世的十年后，开始攻击黑格尔，污蔑黑格尔，一味地夸大自己，只是"伟大的"他依然匍匐在上帝的脚下。人民对这样的谢林失望了。这柄寒光闪闪的剑，最终失去了光泽，锈了，折了。

"我们将血战一场，我们将无所畏惧地直视敌人冷酷的眼睛并且战斗到生命的最后一息！难道你们没有看见我们的旗帜在群山之巅

飘扬吗？难道你们没有看见我们的同志的刀剑在闪闪发光，没有看见他们战盔的翎毛在悠悠颤动？他们的队伍从四面八方开来，在号角声中，他们唱着战歌从谷地、从群山向我们涌来。伟大的决胜的日子，各族人民战斗的日子来临了，胜利必将属于我们!"为了保卫大师的茔墓不受侮辱，为了维护真理，为了继承德国古典哲学的珍贵成果，为了反击普鲁士封建专制王朝对革命民主派的进攻，为了迎接即将来临的革命风暴，在谢林讲授《启示哲学》不到一个月后，被谢林的反动谬论深深激怒的恩格斯就在《每日电讯》上发表了第一篇批判文章《谢林论黑格尔》；1842年春天，他又分别在莱比锡和柏林出版了两本专著，《谢林和启示——批判反动派扼杀自由哲学的最新企图》和《谢林——基督哲学家，或世俗智慧变为上帝智慧》。

《谢林论黑格尔》、《谢林和启示》、《谢林——基督的哲学家》这三部笔锋锐利的论著，立即在社会上引起了巨大轰动。同时恩格

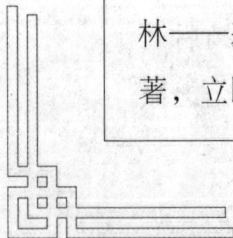

斯也清醒地认识到，自己的知识还很有限，需要继续学习和掌握更多东西。因此他决定在一段时间里完全放弃写作活动，以便集中精力进行学习，以更大的兴趣继续进行研究，掌握更多需要的东西。

（八）追逐费尔巴哈唯物主义

青年黑格尔派虽然在资产阶级民主革命运动的初期起到过一定的进步作用，但是他们在哲学上坚持唯心主义，宣扬绝对精神；在政治上，不断妥协，并美化普鲁士王朝，散布对新上台的普鲁士国王威廉四世的幻想。作为一个坚定的革命民主主义者，恩格斯已经看到了青年黑格尔派的倒退，他在参加青年黑格尔派活动不久，就与他们发生了分歧。

1841年，德国莱比锡诞生了一部伟大的著作，这部著作的诞生使21岁的恩格斯改变了

以往的世界观，并在哲学领域掀起了一股强烈的风暴，震动了整个德国思想界。这部著作就是柏林大学著名教授路德维希·费尔巴哈发表的《基督教的本质》一书。

这本书从人本学唯物主义的立场出发，阐明了宗教神学的秘密，分析批判了基督教及神学，批驳了黑格尔思辨哲学关于基督教的错误观点。费尔巴哈认为，人是现实地感性存在，是自然的一部分。理性、意志和情感（爱）是人的本质，或人的本性。上帝的本质就是人的本质，神学就是人本学。不是上帝创造了人，恰恰相反，是人照着自己的想象创造了上帝。上帝的全知全能和无所不在等特性，只是人的本质的虚幻反映。人的本质不仅是宗教的基础，也是宗教的对象。宗教是人类的精神之梦，是人的本质的异化。

费尔巴哈的这些深刻的见解，使恩格斯醍醐灌顶，他批判了谢林，批判了黑格尔哲学中的唯心主义观点，开始追随费尔巴哈的哲学思想。如果说之前恩格斯脱离了宗教的束缚，那么这本书让恩格斯彻底成为了一个无神论者，同时使恩格斯从根本上走出了黑格尔的唯心主义，成为一个地道的唯物主义者。恩格斯说："这部著作的问世，宛若光辉的、自由的古希腊意识从东方的晨曦中脱颖而出，一个新的黎明、一个世界历史的黎明正在出现。太阳升起了。……我们从沉睡中醒来，压在我们胸口的梦魇消失了，我们揉揉眼睛，惊奇地环顾四周，一切都改变了。在此以前一直同我们格格不入的世界，像幽灵一样以它隐蔽的力量使我们担惊受怕的自然界——现在同我们是多么亲密，多么接近啊！在我们看来曾经像监狱一样的世界，现在显露了真实的形态，犹如我们大家——富人和穷人、贵族和平民都可以出入的宏伟的王宫。"

费尔巴哈的唯物主义哲学，沉重地打击了宗教神学的无上地位，把人们从宗教神学的封印中解放出来，同时，黑格尔的客观唯心主义也为费尔巴哈的唯物主义让出了哲学界的宝座，这一切具有跨时代的意义，虽然没有兵戈

战马，也没有流血，但这种力量胜过千军万马，恩格斯深深地体会到思想的力量，以至于晚年的恩格斯依旧对《基督教的本质》这本书给予了高度的评价。恩格斯说："这部书的解放作用，只有亲身体验过的人才能想象得到，那时大家都很兴奋：我们一时都成为费尔巴哈派了。"

费尔巴哈的哲学让恩格斯认识到，只有物质才是永恒的，人类的自由、独立由上帝支配的说法荒唐至极，他也认识到了黑格尔"绝对精神"的错误，认识到"理性只有作为精神才能存在，精神只能在自然界内部并且和自然界一起存在，而不是完全脱离整个自然界的天知道什么地方以某种与世隔绝的方式生存着"。后来，恩格斯追求真理的精神鼓舞着他对黑格尔哲学和谢林的启示哲学进行了强烈批判。

此时的恩格斯，在思想上发生了重大变化。从小时候的上帝至上，到不来梅经商时告别宗教，再到最后追随费尔巴哈的哲学思想，恩格斯成为一个唯物主义者的经历，就像跨越

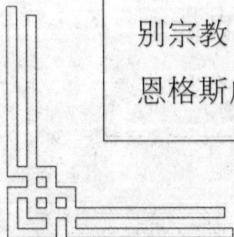

思想的"三级跳"，当第三次跳起又落下后，真理就出现了。

随着唯物主义思想的加深，恩格斯对政治实践的认识也不断加深，他批判了阿尔诺德·卢格的夸夸其谈，对于青年德意志放弃革命的思想更是无法容忍，在公开发表《评亚历山大·容克的〈现代文学史讲义〉》一文中，他强烈批判了容克软弱、空虚的论调，并与之划清了界限。

随后，恩格斯以一名坚定的革命民主主义斗士的姿态，用笔作为武器，将斗争对象转向了国王威廉四世，对封建专制展开了猛烈的轰击。

恩格斯不断在《莱茵报》上发表措辞犀利的文章，这些文章主张改革现存的社会制度，维护言论自由，并毫无遮掩地揭露了司法制度的弊端和反动实质。恩格斯深入分析普鲁士国王的反动本质，将国王的品质和现存制度的本质放在一起作了论述，对于国王极力维护封建制度、剥夺人民所有权利的这种行为更为恼

火。历史不愿倒流,人民更不愿意处于没有自由的制度里,所以国王企图建立一个政教合一的基督教国家的希望,如同发育的胚胎,还未成形就已经死于人民高喊出的"不"中。恩格斯也指出:威廉四世这些倒行逆施必定要招致失败。

由于费尔巴哈的无神论冲击了宗教教义,因此他被驱逐出大学,开始了几乎与世隔绝的哲学追问。费尔巴哈的哲学思想脱离了实践,漏洞也不断显现,对此恩格斯也进行了批判,但是费尔巴哈的唯物主义对恩格斯的影响无疑是巨大的,并为马克思主义唯物论的建立打下了基础。

后来,恩格斯与青年德意志和青年黑格尔派彻底地分道扬镳了。1842 年 10 月,在服役期满离开柏林后,恩格斯结束了革命活动的第一阶段。迎接这位 22 岁年轻人的将是更加波澜壮阔的新生活和新战斗,恩格斯将带着他高涨的民主革命思想向前走去。

四、曼彻斯特之行

（一）初识马克思

　　恩格斯在柏林服兵役时，作为一个旁听生经常出现在教授们的课堂里，在这个校园里，恩格斯经常听到朋友们谈论一个人：他有超凡的才华、才思敏捷、洞察力敏锐、学识渊博，并有着革命家的气概。这个年轻人就是马克

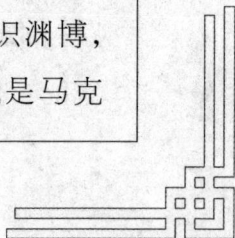

思，当时马克思是"博士俱乐部"的核心人物之一，因此是一个十分受尊敬的人物。其中最具有说服力的是莫泽斯·赫斯对马克思的称赞："马克思是最伟大的哲学家，也许是当今活着的唯一真正的哲学家。这位哲学家即将在报刊上和讲坛上显露头角，并且必然很快就会把整个德国的目光吸引到自己身上。……他将给中世纪的宗教和政治以致命的打击。他既有深思熟虑、冷静、严肃的态度，又有最敏锐的机智。设想一下，如果把卢梭、伏尔泰、霍尔巴赫、莱辛、海涅和黑格尔结合为一人——我说的是结合，不是凑合——那么结果就是一个马克思博士。"

然而，恩格斯来到柏林的时候，马克思已经完成学业，回到了家乡特利尔。在柏林大学这个学术氛围浓厚的校园里，这两位革命导师错过了会面的机会，恩格斯也深感遗憾。但从友人们的介绍中，马克思还是给恩格斯留下了深刻的印象，恩格斯在《信仰的胜利》中，对这位未曾见面的战友作了这样的描述：

是谁……风暴似地疾行？

是面色黝黑的特利尔之子，一个血气
方刚的怪人。

他不是在走，而是在跑，他是在风驰
电掣地飞奔。

他满腔愤怒地举起双臂，

仿佛要把广阔的天幕扯到地上。

不知疲倦的力士紧握双拳，

宛若凶神附身，不停地乱跑狂奔！

1842 年伊始，马克思开始为《莱茵报》撰
稿，发表了很多具有鲜明的革命民主思想的文
章，比如《第六届莱茵省会议的辩论》、《法的
历史学派的哲学宣言》等，这些文章给了恩格
斯很多启发，因此，恩格斯也为《莱茵报》写
了很多文章，对封建专制制度进行了尖锐的批
判。马克思反对空谈革命、把进步哲学与政治
斗争结合起来的思想给予恩格斯很大的影响，
这更加深了恩格斯期待见到马克思的心情。

在离开柏林回家的时候，恩格斯怀着激动

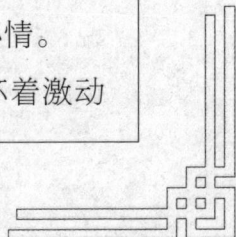

的心情，前往科隆拜访学识渊博的马克思。恩格斯来到《莱茵报》编辑部，看到里面几个人在交谈，他们分别是在编辑部工作的腊韦、赫斯等人，恩格斯得到了赫斯等人的热情迎接，但不巧的是，马克思不在科隆，恩格斯再一次感到遗憾。

在编辑部，恩格斯与赫斯等人进行了交流，特别是赫斯，他是第一个从青年黑格尔派转向空想社会主义的，他主张通过革命废除私有制和继承权，铲除利己主义，把世界变成共产主义的天堂，他的这一思想给了恩格斯很大启示。赫斯提出了"行动哲学"，即把行动作为哲学的最高原则，把人的本质归结为自由自觉的活动，把共产主义看作是人的行动的结果。他的这一学说虽然还很抽象，但对恩格斯来说无疑将产生重大影响。恩格斯与赫斯针对共产主义和世界观的问题进行了深入交流，这次谈话使恩格斯受到了深刻的启发，恩格斯说："还在1842年秋天，党的某些活动家就已得出结论说，光是实行政治变革是不够的，并且宣称，只有经过以集体所有制为基础的社会革命，才能建立符合他们抽象原则的社会制度。可是，当时就连布鲁诺·鲍威尔博士、费尔巴哈博士和卢梭博士这样的一些党的领袖也都没有打算采取这一次决定性的步骤。党的政治刊物《莱茵报》发表了几篇文章来捍卫共产主义，但并没有得到预期的效果。然而共产主义是新黑格尔派哲学的必然产物，任何一种抵抗都阻止不了它的发展；……现在除了已成为《莱茵报》的编辑之一、实际上是该党第一个成为共产主义者的赫斯博士而外，已经又有很多人加入了他们的行列……"恩格斯也给赫斯留下了深刻的印象，赫斯给友人的一封信中，称恩格斯是一位"老资格的革命家"和"热心的共产主主义"。

恩格斯回到故乡巴门，与父亲的矛盾越来越大。父亲对于恩格斯在柏林的所作所为甚是担心，民主派的思想深深地影响着恩格斯，无论在父亲面前还是在友人面前，恩格斯都透着革命者的气魄。父亲为恩格斯的这种态度深感

忧虑，他在给友人的信里说道："让一个像一匹害群之马一样的又反对他祖辈信仰的儿子呆在家里是难以忍受的，同时又是令人难堪的事情。"父亲给恩格斯作了大量的思想工作，内容依旧是经商和宗教信仰。在不来梅的两年里，恩格斯已经不再信奉宗教，对经商也不感兴趣，父亲的教育只能加深父子的矛盾。为了让恩格斯与民主派的人接触，父亲为恩格斯安排了大量工作。最终，恩格斯在父亲的决定下，去了"欧门—恩格斯"公司经商，父亲认为英国比德国更加稳定，他幻想着儿子能在这种环境里改变对革命的倾向，对经商产生兴趣。

经商本是恩格斯深恶痛绝的，然而他却很爽快地答应了。因为在恩格斯看来，这样不仅可以摆脱父亲的约束，改变烦闷的生活，更可以了解英国社会和工人状况以及工人阶级的革命运动。因为恩格斯在柏林时阅读了许多有关英国方面的书，如弗里德里希·冯·劳麦写的《英国》、欧仁·毕莱写的《论英国和法国劳动阶级的贫困》等著作，他已经对英国这个世界

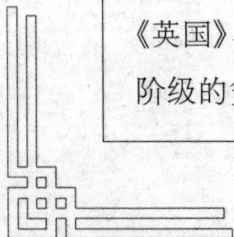

第一强国产生了浓厚的兴趣。

1843 年，恩格斯第三次离开家乡，只身前往英国。途中经过科隆时，恩格斯再一次去拜访素未谋面的马克思。恩格斯同样热情满满地访问了《莱茵报》编辑部，在这里，恩格斯终于见到了仰慕已久的马克思。然而这一次见面，并没有想象中那么美好。

马克思初任《莱茵报》的主编，为报纸的宣传内容与鲍威尔兄弟发生了强烈的争执。马克思主张把报纸办成具有坚决反对封建专制制度、宣传革命民主思想的报纸，而鲍威尔兄弟则主张办成宣传无神论的报纸。马克思反对鲍威尔兄弟清谈共产主义而不采取革命行动的思想。恩格斯在柏林时期曾参加过"自由人"小组的活动，与鲍威尔兄弟有着良好的关系。恩格斯的到来，被马克思误认为是鲍威尔兄弟的盟友，所以马克思以冰冷的态度接待了恩格斯。虽然两人的一些基本观点是相同的，但恩格斯反对马克思对鲍威尔兄弟所坚持的激烈态度，所以两位革命导师的第一次谈话是压抑而

不愉快的。

　　友谊需要时间来考验，虽然两位革命导师的第一次会晤在冰冷的语言中结束，但两人在思想上的交流却冲破了这种不愉快，思想上的一致性和伟大的人格魅力最终使两位革命导师建立了世间独一无二的友谊。

　　恩格斯从《莱茵报》编辑部出来，动身前往英国，1842 年 11 月底，恩格斯来到英国曼彻斯特。在英国生活的两年，是恩格斯革命历程的转折点。正是在这里，这位没有上过大学的革命导师，完成了从唯心主义到唯物主义、从革命民主主义到共产主义的转变，成长为共产主义战士。

（二）"欧门—恩格斯"公司的副经理

　　拜别马克思后，恩格斯乘船到达了英国的伦敦，从这里坐上了前往曼彻斯特的火车。火车窗外是连绵起伏的丘陵，错落的田野、村庄、牛羊如同美丽的油画。当火车驶出伦敦进入曼彻斯特后，窗外变成了鳞次栉比、浓烟滚滚的烟囱，这座黑色的工业城市上空，飘荡着灰蒙蒙的烟雾，公路和铁路四通八达，车辆络绎不绝，这里就是英国最大的工业中心——曼彻斯特。

这里是英国近代工业革命的发源地，生产着全世界的工业产品。高大的烟囱、轰隆的机器声，见证并述说着这座"世界工厂"的历史。各种工业不计其数，其中最重要的就是纺织业，而曼彻斯特就是纺织业的中心。

这里不但聚集了庞大的机器，而且掌握了先进的技术，以至于发达的工业将大量的财富集中到了曼彻斯特，工厂代替了手工工场，机器代替了手工劳动，工厂主的数量也不计其数。恩格斯的父亲继承了家族产业，不断扩大，与彼得·欧门合开的"欧门—恩格斯"公司坐落在曼彻斯特市的边缘，恩格斯作为公司的副经理，受到了彼得·欧门的欢迎，他的办

公室也被设在了市商业中心的第恩盖特街南门街7号的公司总部里。

"欧门—恩格斯"公司的业务十分繁忙，彼得·欧门对公司的管理十分严格。工人劳动强度很大，劳动时间很长（经常是每天长达10多个小时），而劳动报酬却很低。彼得·欧门的弟弟曾经在这里工作，在领略了这种艰辛的生活后，他对朋友抱怨，每天早晨6点起床，在公司里工作10个小时后再去上夜校提高英语水平，还要学习纺织的一些知识，从没有在晚上10点之前回到家过。恩格斯原本就厌恶经商，对这种工作更是厌倦，因此对于公司要做的事情，恩格斯总是怠慢，并经常与彼得·欧门发生冲突。彼得·欧门对恩格斯的态度也从起初的热情下降到了忍耐。

恩格斯作为"欧门—恩格斯"公司大股东的儿子，经常得到上流社会的邀请去参加舞会，或者应邀去和老板谈生意，因为当时恩格斯被这些资产家看作是一个很有钱的人。上流社会曾流传着这样一个说法：恩格斯拥有一万英镑。然而恩格斯十分厌恶这些利益至上的资产者，他们眼里只有钱却不顾工人们的生活状况，工人们在完全不合理不公平的状态下工作，没有保险，没有人权，没有生活保障，被人当奴隶一样使用，受到很严格的管理。资本家、工厂主为了获得更多的利润，就拼命剥削劳工，工人生活状况悲惨不堪。恩格斯说："英国资产者对自己的工人是否挨饿，是毫不在乎的，只要他自己能够赚钱就行。一切生活关系都以能否赚钱来衡量，凡是不赚钱的都是蠢事，都不切实际，都是幻想。"

一段时间后，恩格斯依旧像在不来梅时一样，除了例行公司必要的工作外，对经商无法提起任何兴趣。当时欧门一家人对恩格斯的看法是：他并不像其他的工人一样，尽心尽力为公司工作，而是利用更多的时间去参加一些政治集会和研究曼彻斯特的社会状况。老恩格斯知道儿子的所作所为后，很是恼火，他写信极力劝恩格斯改变自己那些"歪门邪道"的思想。这些忠告对于恩格斯来说都是无济于事

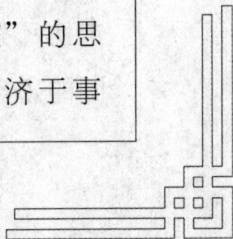

的，恩格斯就像一支已经离弦的箭，向着无产阶级飞去。

在英国，恩格斯考察了近六十年来英国工业的发展史，分析研究了无产阶级同资产阶级之间矛盾的形成和发展过程，指出了英国工人阶级贫困、反抗的现状，并强调无产阶级胜利的唯一出路是暴力革命。

恩格斯并没有像父亲期望的那样成为一名合格的商人，而是深入调查了曼彻斯特的工人状况，对英国社会有了深入的了解，并认识了无产阶级，并走向了唯物主义和科学共产主义。

（三）走入英国社会深处

恩格斯到英国后，对英国社会状况进行了走访考察，对英国社会的阶级矛盾、各党派之间的争斗有了深刻的理解，对劳动人民怀着深深的同情。

19世纪40年代的英国，由于之前的工业革命和大力采用资本主义的生产方式，已经走到了世界的前列，确立了牢不可破的发展方式，各个工业中心借助铁路和运河相互联系起来，它们的生产几乎占世界全部生产的百分之五十，英国成为了世界银行和世界工厂。然而随着机器和蒸汽的运用，英国社会经济发生了深刻变革，以劳动为基础的私有制在城市和乡村大规模瓦解，大部分的财富掌握在了资本家手里。这些资本家靠剥削被剥夺了财产的生产者而积累起巨额财富。

财富的真正创造者是工人阶级，特别是在巨大的工业城市。曼彻斯特是除伦敦以外的最大城市，人口多达40万，其中绝大部分人是无产者的家属，他们通常生活在巨大的贫民窟里面。

以机械化大生产为基础的劳动过程的社会化，使大批工人聚集在工厂和城市，而机器的使用使劳动的差别日益缩小，进而使工人的工

资更低，工人们的生活得不到保障。工人在资本主义发展中逐步认识到他们地位和利益的一致性，因此组成了联合会。无产阶级深深地认识到使他们贫困的不是机器，而是资产阶级，无产阶级同资产阶级的斗争被引燃。随后便引发了罢工。

除了无产阶级与资产阶级的斗争以外，资产阶级中的工业资本家和占有土地的农业资本家之间也展开了激烈的冲突，1832 年实行改革法案后，两个集团就谁是最无耻的剥削者而展开的争吵充斥着舆论界。

无产阶级和资产阶级之间的斗争、资产阶级两大集团之间的斗争，充斥了英国社会的整个社会生活和政治生活。

恩格斯刚来到英国曼彻斯特时，纺织工人大罢工刚刚被资产阶级镇压下去，始于 1830 年的宪章运动也受到严重的挫折。英国统治者宣称能够把国家引向希望，不受暴力浸洗，因而化解了各派别争论带来的打击。

恩格斯不同意英国统治者的这种看法，因

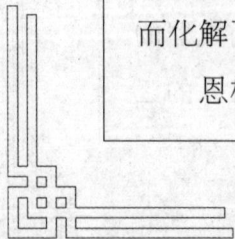

此他在《莱茵报》上发表了很多文章，比如
《英国对国内危机的看法》、《国内危机》、《英
国工人状况》。恩格斯从政治经济方面分析了
英国革命不可避免的结论。

　　法国思想家托克维尔在 19 世纪 30 年代考
察了工业革命中的曼彻斯特后，这样说道：
"这些巨大的建筑物，高耸于人们的住所之上，
隔绝了空气和阳光；它们像不散的浓雾一样包
裹着人们。城市的这一边住的是奴隶，那一边
住的是老爷；这一边属于贫穷的绝大多数人，
那一边属于富裕的少数人……这里人性获得了
最为充分也最为野蛮的发展；这里创造了文明
的奇迹，却几乎沦为野蛮人的境地，从这里肮
脏的下水道里却流出了足赤的黄金。"恩格斯
同意这样的看法，也指出，英国工业的迅速发
展，遂使国家积聚了巨大财富，使国家走上了
富强的道路，但同时又使贫富严重分化，一边
是少数掌握财富的资本家，另一边则是贫困如
洗的无产阶级。工人阶级经不起物价的波动，
非人生活促进他们觉悟，反抗情绪正在高涨，

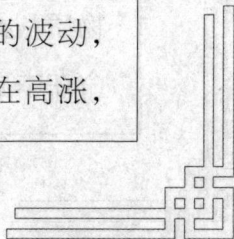

宪章运动证明了这一点。

　　然而宪章派中的合法革命思想，恩格斯却不认同，他认为合法与革命是不能调和的。宪章运动的失败，正是由于以合法斗争思想为指导的结果。"合法革命"的指导思想基本上来源于自然法，人们受到"特有的保守法观念"的束缚，正像恩格斯所说的，这种守法观念阻碍着英国人从事"暴力革命"。因此，宪章派力求通过下院帮助使宪章获得胜利，这是从一开始就注定失败的冒险活动。工人阶级也日益意识到了用和平方式进行革命是不可能的，只有通过暴力消灭现有的反常关系，推翻门阀贵族和工业贵族，才能改善无产者的物质状况。此次运动让恩格斯对革命有了新的认识，他认为：政治革命就是用一种政权取代另一种政权，而社会革命则是根本改变人的生活条件，消除劳动者的贫困。恩格斯的分析基本上仍是从唯心主义史观出发的，他将思想看作是高于物质利益的东西。在恩格斯看来，资产阶级革命在本质上是一种政治革命，而无产阶级革命则是社会革命，他在论英国革命时这样指出："这个革命在英国是不可避免的，但是正像英国发生的一切事件一样，这个革命的开始和进行将是为了利益，而不是为了原则，只有利益能够发展成为原则，这就是说，革命将不是政治革命，而是社会革命。"这种观点反映了恩格斯思想正处于重大的转折点，他认识到了物质利益在阶级斗争中的基础作用，而且已经自觉地将资产阶级斗争和政党斗争革命明确地区分开来，特别是他对暴力革命作用的论述，使他远远地超出了青年黑格尔派的思想，也超出了当时形形色色的社会主义思潮。

对社会历史观的基本问题，也就是物质利益和精神原则的关系问题，始终影响着恩格斯思想的发展，从恩格斯发表的论文中可以看出，此时的恩格斯依旧受着唯心主义的束缚，但同时他也开始朝着解决这个问题的正确方向迈进。在实践的推动下，在深入研究英国古典政治经济学后，恩格斯快速摆脱了唯心史关于四项原则高于物质利益这一思想的束缚，开始

了对唯物史观的思考。1843 年 5 月，恩格斯发表的《伦敦来信》一文，表明了他向着唯物主义和共产主义迈进。

恩格斯从英国社会各阶级的状况分析，指出：在英国，各个政党都有与它相当的社会阶层和阶级，托利党是贵族的党，主要代表着封建地主阶级的利益；辉格党的阶级基础是资产阶级上层，即工厂主和商人；而宪章派则是以工人阶级为基础的，它代表着无产阶级的利益和强烈的愿望。恩格斯通过分析三个阶层对"谷物法"的斗争，日益看清了物质利益的冲突是阶级斗争和政党斗争的客观基础，只有紧紧把握物质利益冲突这一线索，才能认清英国社会各种斗争的实质。

伽利略说："真正的哲学是写在那本经常在我们眼前打开着的最伟大的书里面的，这本书就是宇宙，就是自然界本身，人们必须去读它。"正是因为亲身深入到英国社会深处，恩格斯才发现了真理，才有了思想上的转变。恩格斯逐渐放弃了旧的唯心主义史观，开始用唯

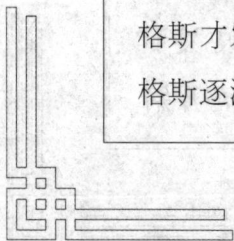

物史观来发现、认识并解决社会基本问题，此
时他已经坚定地站在了无产阶级的立场上。

正如恩格斯所说："我在曼彻斯特时异常
清晰地观察到，迄今为止在历史著作中根本不
起作用或者只起极小作用的经济事实，至少在
现代世界中起作用或者只起极小作用的经济事
实，至少在现代世界中是一个决定性的历史力
量；这些经济事实形成了现代阶级对立所产生
的基础；这些阶级对立，在它们因大工业得到
充分发展的国家里特别是英国，又是政党形成
的基础、党派斗争的基础，因而也是全部政治
历史的基础。"

（四）走访工人区

在将近两年的英国生活中，恩格斯除了例
行公事外，"抛弃了社交活动和宴会，抛弃了
资产阶级的葡萄牙红葡萄酒和香槟酒，把自己

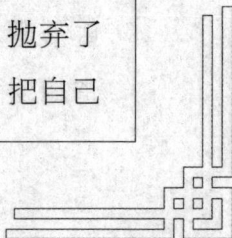

的空闲时间几乎都用来和普通的工人交往"。他走遍工人住宅区、肮脏而弯曲的胡同,深入工人栖身的潮湿小屋,观察他们的日常生活,体会他们的痛苦和快乐,了解他们的要求和希望。

在这一时期,恩格斯感同身受地了解了工人们的生活,也看到了资本主义的罪恶。他指出:资本主义工厂制度,是伪善的隐蔽的奴隶制。农奴的主人是野蛮人,他把农奴看作牲口;工人的老板是文明人,他把工人看作机器。农奴的生存有封建的社会制度作保障,自由的工人没有任何保障,比农奴的情况更坏。资本家这个没有心肝的国王,在邪恶的王国布满死亡。他用劳动折磨人的肉体,他把人们活的灵魂杀光。

工厂里,资产者不把工人看作人,而仅仅看作"手",并经常当面称呼劳作的工人。男工和女工们要做十六个小时或者更多时间,有些甚至要连续做三四十个小时,然而他们的工资却少得可怜,无法保障最基本的生活,而资产家们还强迫工人在厂办商店购买高于平均价格的商品，使工资又重新流回到工厂主口袋里。工厂主为了少付工资，大量雇佣女工、童工。很多童工才四五岁，就戴上一副挽具，每天十二小时在矿场里爬行着托运煤炭，他们也要在轧钢厂和铸铁厂里干活，常常是两天两夜连续干，如果有打盹或者睡觉的，监工就会残酷地惩罚他们，用鞭子抽或者用铁链子拴着他们。恩格斯曾经在工厂里看到一个发育不良的孩子，由于从小就在轰隆的机器旁工作，胸部狭窄，体形瘦削。在机器旁边也经常发生一些事故，无论是男工女工还是童工，长时间的工作使他们的脊柱和两腿畸形，膝盖往里弯曲……然而资产者对此毫无顾忌，他们的眼里只有钱，贪婪地剥削着工人们。

大多数工人都穿得很坏，他们的衣服很少能适应气候的变化，很大一部分工人的衣服就是一块破布，补丁打着补丁，连颜色都辨认不出来。他们买的土豆，多半都是质量有问题的，蔬菜也不新鲜，猪油是发臭的。做工人生

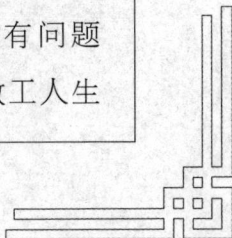

意的多数是小商贩，他们购买次货，按正常价
格出售，从中谋取利益。

　　工人住处的街道既没有砖砌，也没有排水
沟，只有在阳光很好的天气里才能走过而不会
被烂泥淹没脚背。恩格斯曾经遇到一个人，他
写道："看样子已经六十来岁，住在一个牛棚
里；在这个没有窗子、没有地板甚至地上什么
也没有的方匣子里，他装着一个像烟囱似的东
西，放了一张床，就住在里面，一下雨，雨水
就从破烂的屋顶往下漏个不停。这个人已经太
老太衰弱，不能做经常性的工作了；他用手推
车搬运粪便等来维持生活，粪坑就紧靠着他住
的牛棚。"

　　英国宪章运动的领袖和杰出诗人艾内斯
特·琼斯在《工厂城》一诗中，对资本主义工
厂制度作了深刻的揭露：

> 工厂放出可怕的火焰，
> 　它胸中怀着密封的地狱；
> 伊特那的怒火已经消散，

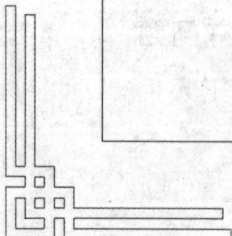

活人的火山却还喷着。

男人，女人，儿童在做工，

被锁在狭小阴暗的地牢；

当今的刑台——车轮飞动，

生命之线飞快地断掉。

天上的星星看着也发怔，

烟雾弥漫，机器怒吼；

这城市就像热锅沸腾，

煮沸的毒水横溢四流。

在那发臭的围墙里面，

生命与死亡纠成一团；

工人和工人肩并着肩，

血肉与钢铁进行殊死战。

车轮发出沉闷的噪音，

厂里的空气沉重又闷人；

力量在哀鸣，工人在呻吟，

还有人们绝望的叹息声。

尘土飞舞在他们的周围，

那苍白、干裂、发热的嘴唇；

梭子不停地穿去又穿来，

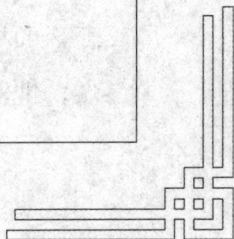

苦工葬送了短促的生命。

半裸的童工浑身打颤，

空气炎热，心头冰冷；

成年人萎缩的肌肉发颤，

听那机器可怖的吼声。

女工们痛苦的心灵狂跳，

想到孩子们受折磨真苦恼；

那财神伸出红色的魔掌，

把她们天生的智慧灭掉。

听啊，这不见血的屠宰场，

不时传来绝望的哀号：

"啊，给我一滴水喝吧！

啊，让我透口气就好！……"

　　恩格斯经常遇到这种境况下的工人们，作为一个民主主义者，恩格斯深深地叹息。恩格斯小时候经常把自己带的饭分给饥饿的同学吃，在不来梅时，他猛烈抨击乌培河谷的工厂主，而现在，他看到了千千万万个受剥削的群众，他对穷人的苦难充满同情，极度愤恨戴着

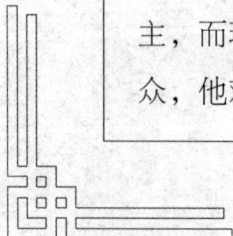

"自由博爱"假面具却像苍蝇寻找粪便一样把钱放进口袋的剥削阶级。

恩格斯曾参加过一些上流社会的宴会，他发现这些上层人物除了整日纵酒作乐，就是盘算着如何赚取更多的钱，此外没有任何其他的嗜好。然而恩格斯在与工人们交往时却惊奇地发现，这些穷困的工人却有着高尚的精神境界，远比那些所谓有教养的资产者博学得多。卢梭的《社会契约论》、米拉波的《自然体系》等著作也流传在工人之间。

受苦的工人和享乐的资产者，让恩格斯得出一个结论："由此可见，在英国，一个阶级的社会地位愈低，愈'没有教养'（就一般的意义来说），它就愈进步，愈有远大的前途——这一情况是非常显著的。"此时的恩格斯对无产阶级以及历史命运的认识已经发生了质的飞跃。资产阶级用力扇出去的巴掌，受力的是无产阶级，无产阶级也会以同样的力量来回击，只是现在还没有准备好，而事实也证明，这股回击的力量正在酝酿，当真正回击时，甚至比

原来大了数倍。恩格斯已经意识到无产阶级正在以强大的生命力在生长，不仅会成长为一个强大的阶级，而且还会成为社会革命的根本力量，未来属于他们。

在对英国社会深入了解的同时，爱情也悄悄在恩格斯的心里生长。

（五）收获爱情

隆冬的曼彻斯特，铺天盖地的雪包裹着这片冰冻的世界。在市郊一块小小的沟谷里，几百间摇摇欲坠的破旧茅屋周围尽是瓦砾和垃圾。这就是爱尔兰人聚居区。

在那狭窄拥挤的街道上，一位年轻的姑娘一个劲地在规劝一个上了年纪的醉汉回家，可他说什么也不走。老人喝干了杯中的酒，对酒友们喊道："打倒英国吸血鬼！"随后，他傲慢地把一枚银币扔在桌子上，大声喊道："弟兄

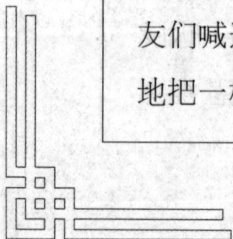

们！喝！喝！"

姑娘飞快地把钱抓到手，想夺门而逃，满脸胡子的父亲暴躁地追上来，因用力过猛，栽了一个大跟斗。他抓着姑娘的衣襟，喊道："给我钱，玛丽！给我钱，玛丽！"姑娘把父亲扶了起来，又把钱还给了老人。"谢谢，小玛丽，我的好女儿！"酒友们大叫起来："太棒了，我们又可以喝了！"

姑娘忧郁地离开店堂，头巾掉在地上也没有察觉。这时，从后面走来一个年轻的名叫弗里德里希·恩格斯的绅士，他是到贫民区来探望一个工人朋友的。恩格斯从地上捡起头巾，追上那个姑娘。她看也不看他一眼，嘴唇直哆嗦。

突然，她双手掩面，放声大哭起来，恩格斯把头巾递给她："小姐，您的头巾！"

她机械地接过头巾，揩干了眼泪。

"我可以帮您的忙吗？"

姑娘没有看他一眼，眼泪汪汪地说："你看见他了吧？我可怜的父亲，把整个一星期的

工资都拿来喝酒，以酒解愁。可母亲在家有病，小弟弟小妹妹们哭喊着要面包，老奶奶在床上呻吟，小房间里生不起火，冻得要命。这个该死的小酒馆！……"她突然抬头打量着这个陌生的人，充满敌意地叫起来："您是谁！您想干什么？"

"我是罗伯逊先生的朋友。"

"真的?!"

"您认识他吗？他现在在哪里？"

姑娘点点头说道："这儿的人都认识他，资本家逼着他们搬家了。他们被逼得走投无路，却单单把孩子们留下了，你可能再也看不到他们了。谁知道会发生什么意外！"

她盯着恩格斯的脸，眼睛里射着愤怒的光："你们根本就不知道什么叫贫穷！

要是一个母亲不能给自己饥饿的孩子一块面包，您会知道她是什么样的心情吗？"

还没有等恩格斯回答，她就转身钻进了一间破烂不堪的茅草棚。

"我们的车去哪儿，先生？"在雪地中等得

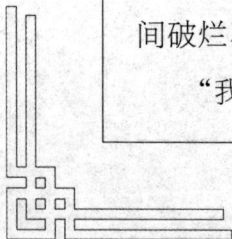

不耐烦的车夫询问着。他的车上装着满满一车木柴、粮食，这是恩格斯专门拉来救济罗伯逊夫妇的。

"您就到那个姑娘家，把车上的东西都卸在那儿，这些东西她家也是急需的。"

说完，恩格斯就独自顺着一条弯曲的小路寻找罗伯逊夫妇去了。山路又陡又滑，恩格斯走了半天，又饥又渴，不安的感觉促使他一步一步地在雪地上机械地走着。

一声狗叫，他从遐思中惊醒过来。一只小狗从前边一个小山洞里跑出来，嘴里衔着一条头巾。恩格斯吃惊地拿过头巾，顺着狗引的方向走去。他擦着火柴，照亮了这个洞穴。这时，他发现罗伯逊夫妇脸色呆滞，互相依偎着。他用手摸摸他们的前额和脉搏，发现他们早已断气了。原来他们吃了砒霜！

"自杀，自杀！"恩格斯愤愤不平道："他们是被万恶的剥削制度逼死的，他们是资本家害死的！我要让所有的人都知道这件事。我坚决相信，他们的死，不会是毫无价值的！"

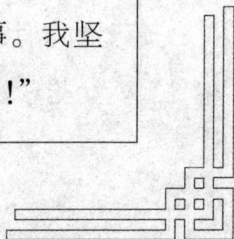

恩格斯雇了一辆马车回曼彻斯特，路上要经过沃尔斯利，那个对这对夫妇的死负有罪责的人就住在这儿。忽然，他从衣袋里摸到女友珍妮·格雷格送给他的珍珠项链。他决定把项链送回去！

格雷格家的别墅里灯火辉煌，门前车水马龙。恩格斯按了电铃，男仆开了门，说主人正宴请贵客，拒绝通报。恩格斯擦身而过，愤怒地走进大厅："晚安，女士们，先生们！我不打扰你们，只想同珍妮小姐说几句话。"大家惊愕地望着这个不速之客：他穿着湿漉漉的大衣和沾满雪的靴子，由于精疲力竭，脸色显得十分苍白，似乎是从另一个世界来的。主人格雷格愤怒地说道："为什么不经过邀请就闯进我家！"

恩格斯两眼瞪着他，说道："格雷格先生，罗伯逊夫妇在雪地里服毒自杀了。他们看到自己再没有出路了。这要感谢你所采取的宽宏大量的消毒措施！"说完，他把项链还给了他的女儿珍妮就走了。

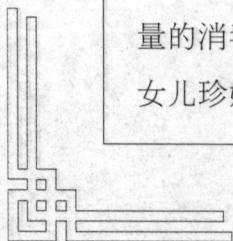

恩格斯回到家里已经累得筋疲力尽了。女管家米勒告诉他，有个叫伯恩斯的年轻爱尔兰姑娘在等他。恩格斯刚一走进客厅，她就跳起来，眼睛里喷射着怒火，声音咄咄逼人，她就是恩格斯在酒馆见过的那位姑娘。对于昨天送到她家的那些东西，她没有道谢，而是张口就骂："你是怎么想的？是不是因为你有钱，就觉得自己了不起，可以装扮成亲爱的上帝去愚弄单纯和憨直的穷人。你的恩赐到底包藏着什么祸心？"

"那你的看法呢？"

"你喜欢我！"她以令人叹服的坦率态度说："实际上，你是想跟我睡觉，跟一个清白无辜的爱尔兰姑娘上床，这就是你们英国绅士们的时髦。你们以为，什么东西都可以用钱买到，你的算盘打错了！"

恩格斯疲乏地坐在椅子上，他已经一天一夜没有休息了，特别是罗伯逊夫妇的死，已经够他伤心的了，现在又听到这些唠叨，实在心烦。"伯恩斯小姐，你消消气走吧！你想怎么

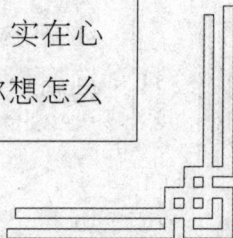

说就怎么说，但是，请别大声嚷嚷。"

"我到这儿来，就是要骂你一顿，再把东西还给你！"她昂起头，用愤怒的眼睛瞪着他。

"这车木柴和粮食原本是送给一个朋友的，可是我费了很大劲，没有遇到他。当时我不知道应该把它卸在什么地方。这时候，你来了，这只是一时的想法，我并不要你感谢。"

"我知道，你是要我付钱，所以我就到这儿来了，可是，你首先应当知道，我是多么地恨你！"她大声喊起来，"我是多么恨你们这些有钱的人！你们干嘛不让我们安宁？"姑娘的眼睛像一把利剑。

恩格斯朝门走去，把门打开，向外面喊道："米勒管家！伯恩斯小姐今晚在这儿过夜。"

姑娘一听跳了起来，异常气愤地喊道："恩格斯先生，我要告诉你，你若以为我们穷人好欺负，就错了！"

米勒管家抓住她的胳膊说："我的孩子，你在小房间里睡，谁也不会动你一根毫毛，姑娘！"

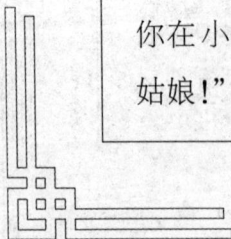

　　这一夜，恩格斯翻来覆去睡不着，天还没亮，就起来工作了。他写了一篇揭露罗伯逊夫妇遭遇的文章后，便在屋中踱来踱去。这时他听见那个姑娘在和管家大声争执："我认得路，不用你们送！"

　　"可是恩格斯先生已经吩咐过了，就这么办吧！"

　　"我自己做主，愿意怎么做就怎么做，用不着你们管！"

　　米勒管家发起火来："你这个愚蠢的调皮鬼！我昨天马上把你赶出去就好了！真是个不知好歹的野姑娘！我要是把你这些撒野的话告诉恩格斯先生，他生起气来会把你打一顿！"

　　"你说的话同所有的英国人一样。你们有钱人想打我们，踢我们，毒死我们！可是，当我们爱尔兰人有朝一日获得了自由，我们就会对这种侮辱进行报复！"

　　"哎呀！老天爷！我一生中还从来没有见过你这么忘恩负义、厚颜无耻的人！我不理解，我们年轻的主人为什么对你这样宽容！"

"他敢碰我！"

恩格斯似乎看见姑娘的眼睛闪闪发光。

女管家发起脾气来了。难听的话像连珠炮似地倾泻在这个倔强的姑娘身上："他没有被你这双勾魂似的眼睛迷住，你就有气了？"

"我永远不会跟一个英国人在一起过日子。"

"首先，他不是英国人，而是德国人。"

"可他是个有钱人，我最厌恶这些有钱人！"

"他当然有钱，也许能同英国最美丽最有钱的姑娘过逍遥自在的日子。可他的心思不在这里，他的生活不像那些有钱的人。"

"这怎么说？"

"他从早到晚地工作，白天在账房里为他的父亲工作，晚上为穷人工作。"

"为穷人？"姑娘疑惑地问。

"对。"女管家米勒热情地补充说，"救世主说：在上帝面前，人人平等。他想在尘世上实现这一点！为此，恩格斯先生每天都在不知疲倦地工作。"

这时，上面的门开了。恩格斯听见楼梯上

有脚步声，接着又来到穿堂上。

"玛丽·伯恩斯！"恩格斯靠在沙发上，脑子里浮现出她的身影：明亮的眼睛，讨人喜欢的脸，倔强的性格，任何内心的活动都会在她的脸上流露出来；肩膀上披散着黑丝一样的卷发，一枝含苞欲放的野玫瑰……一个正在崛起的无产阶级的哲学家，就这样爱上了一个贫民区的爱尔兰姑娘。

恩格斯抑制自己，想尽快摆脱这种想法，脑海里又出现了罗伯逊夫妇自杀身亡的情景，他的心又紧了一下，他重新拿起笔聚精会神地写起来。他要告诉工人一个真理：世界上没有救世主，只有自己解放自己。"团结起来，砸碎旧锁链！"

在恩格斯的精心组织下，罗伯逊夫妇的葬礼举行得十分隆重。玛丽·伯恩斯也来参加葬礼。墓地四周站满了密密麻麻的人。

在牧师对这对苦难夫妻进行了令人同情而又悲愤的祈祷后，恩格斯走到墓穴边。山谷里巨大的喧哗声立即平息了，他觉得几千双眼睛

在注视着他。

"伊丽莎白和詹姆斯，我们向你们致以最后的问候。"他的声音颤抖着，一直传进山谷，形成一种强大的回声。参加葬礼的人静静地听着他继续讲道："五年前，你们还年轻，满怀希望来到曼彻斯特。你们是工人，正直、勤劳的工人，努力做你们的事情，为的是能够在一个向全世界夸耀自己财富的国家里，过一种有人的尊严的生活。我看见你们手挽手、容光焕发地穿过金碧辉煌的市场大街。你们漂亮、美丽，充满了爱和希望，充满着企求幸福的梦想，相信将来能够在这座非常富裕的城市里，像人一样生活。你们不知道在金钱的弱肉强食的统治下，一无所有的人是不能过人的生活的。对这些金钱万能的主人来说，只有你们的手才能创造财富，只有用你们的手才能使他们富起来。詹姆斯，当你在工厂可怕的生存斗争中失去了一只胳膊的时候，你们就掉进了贫困的深渊。你们的生活比野地里的动物还不如，你们还不能用自己的劳动力维持自己的温饱。

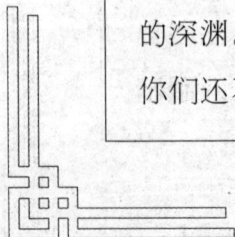

詹姆斯，你们想要保持人的尊严的唯一可能性，就是抗议，就是奋起反抗有产阶级……伊丽莎白和詹姆斯·罗伯逊，安息吧！"恩格斯捧起一把土，撒在他们的坟上："我们为你们哭泣，因为你们的命运也就是世界千百万被剥夺生存权利的穷人的命运。但是，仅仅用眼泪去抗议是不够的！眼泪洗不掉别人给你们的不公正。全世界已经开始行动起来，受苦人联合起来，团结起来，打破财产垄断，推翻唯利是图的政权，取消他们对国家财富的支配权！我们的眼泪将变成革命的意志和力量！"

恩格斯又捧起一把土，撒在罗伯逊夫妇的坟上："我们向你们发誓，竭尽一切力量，不让你们的孩子们遭受和你们同样的命运！我们保证做到！"

听众报以闷雷似的呼喊："我们保证做到！"墓地上几千人融成了一个意志："我们保证做到！"人们的压抑和绝望显然变成了坚强的决心，恩格斯的演说像一声春雷，唤醒了沉睡的受奴役受压迫的人民。

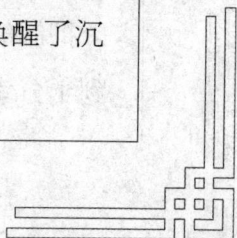

　　玛丽·伯恩斯虽然不能完全听懂恩格斯的演说，不少名词对她来说都是陌生的，但从总体上来讲，她对恩格斯的话是理解的，她终于知道恩格斯是个地地道道的好人。

　　葬礼结束后，玛丽望着恩格斯踌躇了许久，终于鼓起勇气向他走了过去："请原谅，恩格斯先生，我错怪你了……""玛丽！"恩格斯吃惊地喊起来。她解下围巾，一双黑眼睛深情地注视着他，在这一瞥中，她内心中爆发出来的热情直向他涌来，充满着信赖、期待，使他透不过气来。

　　天知道，她穿着单薄的连衣裙站了多久。他迅速脱下大衣，披在她的肩上："天哪！您一直在这儿站着吗？"

　　她感受到他的大衣的温暖，羞怯地望着他。忽然，她眼睛里含着热泪，紧紧地靠在他的胸前。"弗里德里希……"她用一种异样的声音轻轻地说。他搂着她，心里充满对爱情难以抑制的渴望。当确信自己已经获得时，他感到十分幸福。他情不自禁地说："你才是我梦寐以求、志同道合的革命伴侣呀!"

在恩格斯的指引下，玛丽成长为一名有觉悟的女工、一名坚强的无产阶级战士。

玛丽的革命精神唤起了恩格斯对受尽英国资产阶级压迫的爱尔兰人民的深切同情。

这个"以她的整个心灵"眷恋着恩格斯的年轻姑娘，天真淳朴，善良机智。恩格斯在1846年写了《玛丽颂》一诗，热情赞颂了她的勤劳善良与勇敢。

> 玛丽，这年轻的女郎，
> 胸中充满沸腾的热血，
> 和潮水一起来自梯培雷里，
> 来自爱尔兰。
> 她轻盈地离船登岸，
> 水手们都同声惊叹:
> "天哪! 这位玛丽女郎，
> 真像野玫瑰含苞待放!"
>
> 她潇洒地走向市场，

一个过路人向她问安：

"天哪！这位玛丽女郎，

一双小脚多么漂亮！"

她乘车去利物浦，

黑亮的眼睛闪耀着勇敢的目光，

人们围着她的座位，

久久不愿离开她的身旁。

玛丽和潮水一起来自梯培雷里，

来自爱尔兰。

这位女郎放声高喊：

"谁买桔子，又甜又香！"

全城的人：黑人、波斯人、有色人、

犹太人和受过洗礼的人，

霎时间都来购买，

桔子真是又甜又香。

海上不见船帆，

码头无船出港，

一个痴情水手，

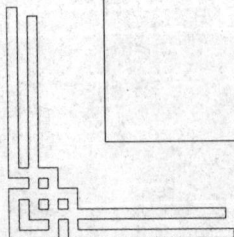

坐在船上遐想：
真想去利物浦一趟，
那里有位玛丽，
来自梯培雷里的年轻女郎，
正在卖桔，坐在椅上。

梅塞河畔的女郎，
人们对你情深意长。
海上有人为你倾倒，
陆地上更有人对你敬仰。
有一只小船，
桅樯折断，
船员不慎落水，
难忘桔子甜香。

她抗拒人们的无礼和粗暴，
被灼痛的双唇似在燃烧，
那些蓄着大胡子的顾客，
总爱聚在市场的这一角。
陌生人的亲吻使她愠怒，

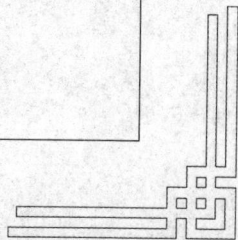

她毫不宽恕，

她挣扎、叫喊、逃跑，

摆脱别人的拥抱。

收拾起挣来的钱钞，

这是金黄色水果换来的酬报，

虽然怒气未消，

还是急忙往家跑。

把钱锁牢，谨防被撬，

这时正月已来到。

赶快汇寄爱尔兰，

自己不留一分一毫。

为了拯救我的同胞，

我向你们捐献钱钞，

起来，擦亮利剑和斧刀，

把胸中的宿怨燃烧！

但愿梯培雷里的三叶草，

长得比英国的蔷更繁茂，

请代替我玛丽，

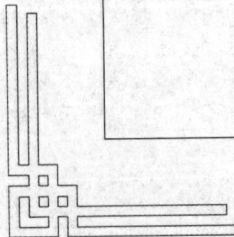

向奥康奈尔先生问好!

(六) 转向科学共产主义

恩格斯深入了解英国社会后,看到了无产阶级对社会主义的渴望和热情,恩格斯看到了工人阶级命运与社会主义的内在联系。

恩格斯在工人阶级中,同社会主义者和宪章派建立了密切的联系,因此他们分别创办的刊物《新道德世界》和《北极星报》也成了恩格斯为无产阶级呐喊的有力武器。

此时,正是英国宪章运动的高涨时期,1838年5月,伦敦工人们提出争取普选权的六项要求,即凡年满21岁的成年男子都有普选权;议会每年改选一次;当选议员支给薪俸;实行秘密投票,平均分配选举区域和代表;废除议员候选人的财产资格限制。然而也就在这一年7月,这六项要求被国会否决,运动被镇

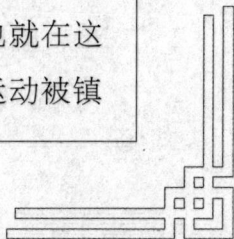

压下去。1840 年 7 月，宪章派全国协会成立，这是近代以来成立的第一个工人政党。此次在请愿书上签名的达 300 多万人，然而请愿再次被国会否决，工人们进行了声势浩大的罢工抗议，仍被残酷地镇压。然而宪章派的领导在组织和教育方面做了大量工作，恩格斯也经常参加宪章派的集会，与宪章派领导人哈尼、李奇等人密切交往，恩格斯说："在宪章主义旗帜下起来反对资产阶级的是整个工人阶级，他们首先向资产阶级的政权进攻，向资产阶级用来保护自己的这道法律围墙进攻。"

此时，以欧文为主导思想的空想社会主义学说也引起了恩格斯的关注。恩格斯参加了社会主义者举办的各种演讲会，阅读了他们刊登的文章，充分肯定和赞扬了这些社会主义者在教育等方面的工作。他说："从社会主义者身上可以明显地看到英国人的毅力，但最使我惊奇的却是这些我认为可爱的小伙子们的宽宏大量，但这绝不是示弱；他们嘲笑十足的共和主义者，因为共和国和君主体制一样虚伪，一样地浸透着神学，他们的法律也是一样的不公平；但是，为了社会改造，这些小伙子准备献出一切：妻子和儿女，财产和生命。"

随着恩格斯思想的成熟与发展，他对宪章派与社会主义者所固有的缺陷的认识也逐渐加深。恩格斯认为，只有实现社会主义和宪章主义的合流，各自扬长避短，工人阶级才有可能成为英国的统治者。恩格斯与这两个派别保持着密切的联系，并试图为两派的刊物合流做一些工作。为了让英国社会主义者了解大陆社会主义学说和运动的情况，他特意为欧文派机关报《新道德世界》撰写了《大陆上社会改革运动的进展》，后又被《北极星报》转载，引起积极反响。

这篇文章介绍了法国、德国、瑞士等国的社会主义运动，他认为，英、法、德三大欧洲文明大国都已得出这样的结论：在集体所有制基础上改变社会结构的革命已经急不可待、不可避免了，因为共产主义并不是英国或其他什么国家的特殊情况造成的结果，而是以现代文

明社会的一切情况为前提所必然得出的结论。在此基础上，恩格斯进一步分析欧洲大陆上流行的各种社会主义的优缺点，并强调指出了圣西门和傅立叶的空想社会主义学说的缺陷，他写道："圣西门和傅立叶一点也没有接触到政治领域，所以他们的计划只成了一部分人的闲谈材料，没有成为全国人民共有的东西。"

《大陆上社会改革运动的进展》一文也得到了编辑弗莱明的高度赞赏，也使英国工人运动的两派领导人及其观众开始关注大陆各国社会主义运动的发展情况。同时，恩格斯已经认识到只实行政治变革是不够的，必须实行以废除私有制、建立集体所有制为基础的社会革命，开始从革命民主主义转向科学共产主义。

在宣传和介绍各国社会主义运动的同时，恩格斯与各国工人运动的领导人等建立了友谊。在曼彻斯特，他与宪章派的朱利安·哈尼建立了深厚友谊，以至于许多年后哈尼回忆说："1843年，恩格斯到《北极星报》编辑部来找我。他个子很高，少年英俊，面孔几乎像

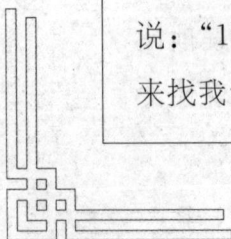

孩子一样年轻……当时已经说得一口流利的英语。他告诉我，他常常读《北极星报》，对宪章运动非常关心。"这个和哈尼终生友好的二十二岁年轻人同"曼彻斯特一位公认的宪章派领袖"詹姆斯·李奇的个人关系也很密切。李奇曾是一个普通的工人，在煤矿、工厂和农村劳动过多年，对无产阶级各阶层的生活和斗争情况很了解。他写的《一位曼彻斯特工人所揭露的关于工厂的无可否认的事实》一书揭露了资产者对工人们敲骨吸髓般的剥削。作为工人们的组织者，李奇在反谷物法同盟的公众集会上出来反对资产阶级所宣扬的自由博爱，揭露了资产阶级的政治阴谋。恩格斯同情这位"诚实、可靠而且能干的"革命工人，并称他是自己的好朋友。

二十二岁的恩格斯不仅同宪章派领袖交往频繁，而且同加入"正义者同盟"的德国共产主义者建立了密切联系。"正义者同盟"成立于 1836 年，手工业无产者占多数，那时有一些是从 1834 年在巴黎建立的民主共和主义的

"流亡者"秘密同盟中分裂出来的无产阶级分子。同盟是秘密组织起来的，受到法国和德国当局的严密监视，纲领受到魏特林空想共产主义的影响，恩格斯对其持保留态度。恩格斯在伦敦会见了沙佩尔、鲍威尔、莫尔等人，他们三个都是热情的革命家，沙佩尔身材魁伟，果敢刚毅，时刻准备着为革命牺牲，具有职业革命家的典范；鲍威尔虽然是一个皮鞋匠，但是他灵敏而诙谐，矮小的身体里蕴藏着机智和果断；莫尔是一个中等身材的大力士，充满智慧。恩格斯说："1843 年我在伦敦认识了他们三人，这是我遇到的第一批革命无产者。尽管我们当时的观点在个别问题上有分歧——对于他们的狭隘平均主义，我当时还用在某种程度上同样狭隘的哲学高傲态度与之对立，但我永远也不会忘记这三个真正的人在我自己还刚刚想要成为一个人的时候所留给我的良好印象。"

这几个人对工人事业的献身精神和革命决心给恩格斯留下了不可磨灭的印象，然而由于思想上存在着分歧，他们在邀请恩格斯加入

"正义者同盟"时，恩格斯谢绝了他们的邀请。恩格斯的这种态度不是出于本身的好恶，而是一种坚持原则的举动，对于已经是唯物主义和无神论者的恩格斯来说，他一开始就认为魏特林平均主义的共产主义思想是不科学的。恩格斯说："平均主义想把世界变成工人公社，把文明中间一切精致的东西——科学、美术等等，都当做有害的、危险的东西，当做贵族式的奢侈品来消灭掉；这是一种偏见，是他们完全不懂历史和政治经济学的必然结果。"这段批判法国平均主义的话，对魏特林主义同样适用。

在英国期间，恩格斯还结识了许多工人运动活动家，德国无产阶级诗人格奥尔格·维尔特就是其中的一位。1843年，维尔特来到英国布莱得弗德，很快与恩格斯建立了友谊，并经常讨论一些重大的政治问题，两人谈话投机，一同愉快地度过了许多个星期天。在恩格斯的影响下，资本主义制度下工人阶级的苦难渐渐出现在维尔特的笔下，揭露资本主义罪恶的诗

篇也相继出现在人们面前。维尔特逐渐接受科学社会主义，成为了一名共产主义战士。1845年7月19日，他写信告诉母亲，自己"已经属于一贫如洗的共产党人"。他对恩格斯非常敬重，认为恩格斯"真正是一个才智超群的非凡的人物，他日日夜夜集中精力为劳动者阶级谋福利"。恩格斯对他的民主精神也很钦佩，两人建立了深厚的友谊。

通过参加工人运动、深入调查研究政治经济学和社会主义文献，恩格斯真正认识了无产阶级的特性及其伟大的历史使命，在轰轰烈烈的工人运动中，恩格斯以共产主义者的形象投入到工人阶级的解放中去。

（七）"天才大纲"的诞生

在曼彻斯特的两年里，恩格斯对资本主义制度的剥削实质有了更深刻的了解，从根本上

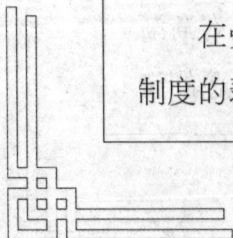

动摇了对资产阶级政治解放的认识。与此同时，恩格斯阅读了大量有关英国政治经学的书籍，并经常走访工人区，通过深入了解英国的社会状况，恩格斯看到了经济因素在社会发展中所起的决定性作用，以及物质利益在政治斗争和政党斗争中的作用。在以后很大一部分时间里，恩格斯通过考察法国、德国等社会主义学说发现，虽然空想社会主义的优秀代表们对资本主义制度作了尖锐的批判，对未来社会作了天才的描绘，但是都缺乏对物质资料的生产活动和人们的经济关系进行透彻的研究，仅仅依据抽象的理性原则来进行，因而既不了解人类社会发展的规律和资本主义制度的本质，更不了解无产阶级的伟大历史使命，所以他们的学说只能是可供想象的乌托邦。恩格斯深深地认识到这一点，进而开始了对经济问题的深入研究。

恩格斯不满足于在不来梅和柏林的学习，继续研读黑格尔、费尔巴哈的著作，用工人运动的实践进行检验，既吸收了费尔巴哈哲学中

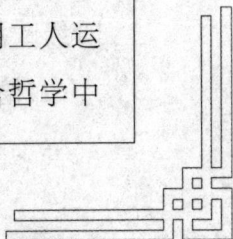

的唯物主义基本内核，又继承了黑格尔哲学中辩证法思想的合理内核，还充分利用英国作为最发达的资本主义国家和政治经济学的故乡这一有利资源，超越了仅仅依靠哲学研究的藩篱。当马克思在《德法年鉴》上批判政治解放，提出为人类解放而奋斗时，恩格斯也认识到资本主义的虚伪性和历史过渡性，逐渐把注意力转移到共产主义方面。他说，资产阶级"民主制和任何其他一种政体一样，最终总要破产，因为伪善是不能持久的，其中隐藏的矛盾必然要暴露出来，要么是真正的奴隶制，即赤裸裸的专制制度，要么是真正的自由和平等，即共产主义"。在阅读了资产阶级经济学家亚当·斯密、李嘉图、马尔萨斯、萨伊等人的著作后，恩格斯于1843年底至1844年1月写出了《政治经济学批判大纲》。这部著作在马克思主义史上是第一次从社会主义立场出发考察资本主义经济制度，也是恩格斯批判资产阶级政治经济学最初的成就。

《德法年鉴》是由马克思和卢格共同主编

的德文刊物，恩格斯应两人的邀请为《德法年鉴》撰写了四篇文章，即《政治经济学批判大纲》、《英国状况。评托马斯·卡莱尔的〈过去和现在〉》、《英国状况。十八世纪》和《英国状况。英国宪法》，前两篇发表在《德法年鉴》上，后两篇因马克思与卢格思想上存在着原则性的分歧而使刊物出版过一期后停刊，故发表在巴黎出版的《前进报》上。恩格斯的这四篇文章，对他来说有着里程碑式的意义，因为这些文章尤其是《政治经济学批判大纲》的发表，标志着他彻底完成了从唯心主义到唯物主义、从革命民主主义到共产主义的伟大转变。

从本质上来说，"资产阶级经济学就是私有经济学"这一观点是恩格斯对政治经济学的发展过程进行考察后得出的结论。恩格斯指出，资产阶级政治经济学的产生，是工商业大发展的自然结果。无论重商主义经济学家还是自由主义经济学家，都是为资本主义私有制而存在的，他们打着人民利益的幌子，却在为资产阶级利益摇旗呐喊。

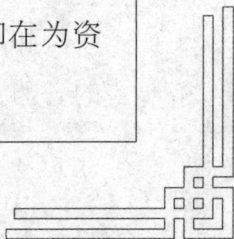

重商主义最初就是随着自私自利的货币主义出现的早期资产阶级经济学，同早期的货币主义相比，重商主义推行的"贸易差额论"不再以幼稚的形式搜刮金钱，而是通过贸易顺差的办法使国家增加现金。他们强迫一些国家共同实行不平等的通商条约，不惜用武力来宣传他们的商品加炮舰政策。由于这些不公平的政策加大了自私自利贸易程度，所以经常引起战争。这也在一定程度上表明，漂亮外衣包裹着的贸易其实质面目是掠夺，有武力为其开航护道，这身漂亮的外衣就会畅通无阻地出现在任何有利可图的地方。

恩格斯把以亚当·斯密和大卫·李嘉图为代表的自由主义经济学视为伴随着18世纪英国产业革命而产生的政治经济学革命，他们作为一门完整的发财致富的学说代替了重商主义这个简陋的非科学的生意经。但是这些政治经济学的革命是片面的，亚当·斯密的《国富论》和大卫·李嘉图的贸易自由学说都以隐蔽的、伪善的形式湮没了私有制的矛盾。虽然没

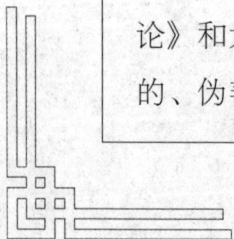

有提出私有制的不合理性和消灭私有制的问题，但是他们探索了私有制的各种规律，摧毁了重商主义体系，进一步打破了重商主义对贸易往来的束缚，从而使社会生产力发展起来，使资本主义私有制的各种矛盾更加尖锐地暴露出来。其结果，促进了私有制瓦解。但是自由主义经济学家们并没有意识到，"他的全部利己的辩论只不过构成人类整个进步的链条中的一环而已。他不知道，他瓦解一切私人利益，只不过是替我们这个世纪面临的大变革……开辟道路而已。"

恩格斯也批评了马尔萨斯的人口理论。马尔萨斯是资产阶级庸俗的经济学家，为了维护私有制，他把人口增殖归结为资本主义社会工人阶级贫困的原因，他的这种错误思想迎合了资产阶级的需要，并赢得了他们的喝彩。恩格斯有力地驳斥了马尔萨斯荒谬的人口理论，他指出：资本主义私有制的存在，是造成资本主义社会工人阶级贫困、失业等现象的根源，正是在资本主义私有制下，才会出现因整个国家

财富过多、商品过剩而产生的痛苦。

所谓生活资料按算术级数增长而人口数量按几何级数增长，是没有根据的，因为它完全忽视科学的发展。恩格斯对此揭示了一个基本规律，即科学发展的加速率。恩格斯认为：科学的进步和人口的增长一样，是永无止境的；在最普通的情况下，科学也是按几何级数增长的。这一规律的提出表明了恩格斯运用辩证法思想对自然科学的发展史有了很深的研究。在恩格斯看来，马尔萨斯的人口理论，完全是"卑鄙下流的学说"。

恩格斯特别强调竞争的作用。他指出，竞争是资产阶级经济学家的主要范畴，他们认为：在自由竞争条件下，供求关系规律自发地调节着社会的经济活动，不会出现生产过剩的经济危机。恩格斯不以为然，他以资本主义经济危机周期性发生的事实彻底批判了这些经济学家的观点。通过对危机规律的分析，恩格斯认为，消灭私有制、进行社会变革是不可避免的。他指出，要彻底消除由于生产的盲目性和竞争所导致的经济危机，了解资本主义社会中普遍存在的失业、贫困、各式各样的罪恶，任何改良方法和法律都是无济于事的。"我们要用消灭私有制、消灭竞争和利益对立的办法来结束这种人类堕落的现象。"资本主义私有制的发展，必然引起消灭私有制的社会革命，这是不以资产阶级经济学家的意志为转移的客观规律。由于经济危机周期发生，危机的后果越来越严重，小生产者大量破产，专靠劳动为生的阶级人数剧增，亟待就业的队伍日益扩大，这一切不可避免地加剧了无产阶级与资产阶级的矛盾，因而社会革命必然要到来。

恩格斯通过对资本主义客观矛盾的分析，得出了共产主义是历史发展的必然这一结论。他指出，在资本主义社会中，私有制造成了各种分裂和对立，进一步造成了资本与资本、土地与土地等的分裂，从而使资本家与资本家、地主与地主等之间相互对立，实质是人与自然、阶级与阶级、人与人之间的分裂和对立。而正是因为这些分裂和对立导致了各种激烈的

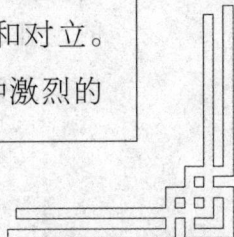

竞争，因此要实现人与自然、人与人之间的和解，就要消灭私有制，消灭竞争，消灭阶级对立，也就是只有实现共产主义才能解决这些问题。

在《政治经济学批判大纲》中，恩格斯显露出了唯物史观的许多思想原型，在揭示古典政治经济学的阶级实质时，社会存在决定社会意识这一唯物史观已经在恩格斯脑海中呈现了。在揭示资本的本质时，他初步说明了资本运动的客观的历史辩证法，并证明了私有制是工人和资本家矛盾的现实经济基础，资本主义内在矛盾必然导致社会革命，从而导致私有制的消灭和共产主义的建立。

《政治经济学批判大纲》的发表，不仅标志着他从唯心主义到唯物主义、从民主主义革命到共产主义革命的彻底完成，而且为马克思主义在政治经济学领域中实现革命性变革奠定了基础。恩格斯从经济学领域出发对共产主义的论证，突破了对共产主义进行抽象和思辨论证的局限，从而实现了对空想社会主义的超越。这个大纲对马克思也产生了巨大影响，马克思说："弗里德里希·恩格斯是现代社会主义最杰出的代表人物之一，他在 1844 年就以他首先发表在马克思和卢格在巴黎出版的《德法年鉴》上的《政治经济学批判大纲》引起了注意。《大纲》中已经表述了科学社会主义的某些原则。"

恩格斯在《德法年鉴》上的另一篇文章《英国状况。评托马斯·卡莱尔的〈过去和现在〉》，重新批判了卡莱尔的神学历史观。卡莱尔通过《过去和现在》这本书，将 12 世纪的英国与 19 世纪的英国进行了对比，表现了资本主义给英国人民带来的贫苦和精神上的摧残，对于资本家只崇拜金钱的价值观给予入木三分的谴责，并代表封建贵族对资本主义制度进行了有力的抨击。这本书曾经引起了恩格斯的关注，他说："所有这些作品中间，不管你做怎样挑选，卡莱尔这本书是唯一能够扣人心弦、描绘人的关系、具有人的思想方式的一本书。"卡莱尔批判资本主义的犀利语言得到了

恩格斯赞扬，但恩格斯对卡莱尔分析问题的立场给予坚决的反对，特别是他主张的宗教观和主张历史倒退论的思想。卡莱尔认为造成资本主义社会各种罪恶的根源是由于宗教遭到破坏，无神论的横行使人们丧失了灵魂。他主张恢复封建贵族的统治，消除现实矛盾。恩格斯对此进行了深刻批判，他认为，宗教只会加深资本主义的罪恶，改变现实矛盾靠宗教只能是乌托邦。因为任何宗教都必然会归于消灭，因为"神不过是由于人在自己不发达的意识的混乱材料中的反应而创造出来的，是人本身的相当模糊和歪曲了的反映"。

毋庸讳言，《政治经济学批判大纲》和恩格斯的另外三篇文章，表明了恩格斯已经完成从唯心主义到唯物主义，从革命民主主义到共产主义的转变过程。马克思对《政治经济学批判大纲》十分重视，在写作《1844 年经济学哲学手稿》时，认真研读了恩格斯的这篇文章，并详细摘录要点，认为它是"批判经济学范畴的天才大纲"。《政治经济学批判大纲》毕竟是恩格斯早期思想转变过程中的一部著作，其中的一些理论观点还不够成熟，某些提法也不够准确。因此，当 1871 年李卜克内西提议重印这篇文章时，恩格斯认为它"仅仅具有历史文件的意义"，不宜重新印行。1884 年，当叶甫盖尼娅·帕普利茨提出愿意把它译成俄文出版时，恩格斯也没有同意。他说："虽然我至今对自己的这第一本社会科学方面的著作还有点自豪，但是我清楚地知道，它现在已经完全陈旧了，不仅缺点很多，而且错误也很多。我担心，它引起的误解会比带来的好处多。"

列宁指出："判断历史的功绩，不是根据历史活动家没有提供现代所要求的东西，而是根据他们比他们的前辈提供了新的东西。"此时恩格斯的思想已经发生了第四次变化，用唯物主义揭示了历史的本质和基础，已经在历史观上实现了历史性的突破，他还认识到了无产阶级和人民群众的历史使命，并勇敢投入到革命的怀抱中去。

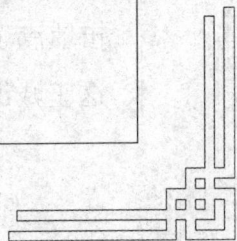

（八）历史性会见

恩格斯笑容满面、热情洋溢地说道："我很久以来就期待着这次会见……"

"谢谢！"马克思抬起头看了一眼恩格斯，就又开始独自埋头看起文章来。

……

恩格斯很失望，再加上烦恼，下楼的时候竟把珍贵的手杖都折断了。

这是 1842 年 11 月，恩格斯在回英国的途中，到德国的科伦第一次见到马克思时的情景。

两年过去了，恩格斯厌恶的经商生活画上了句号。1844 年夏天，恩格斯在回国途中，来到了法国首都巴黎。这座曾经用鲜血染过的城市填满了恩格斯小时候的记忆，革命的岁月让这座城市显得分外厚重。恩格斯来到这里，除了希望与法国的社会主义者和共产主义者建立联系外，更期待的是拜访马克思。

马克思退出《莱茵报》后，偕妻子燕妮旅居巴黎，并担任《德法年鉴》的主编。恩格斯为其撰写的《政治经济学批判大纲》得到了马克思的极大赞赏，思想上的共识让两人始终保持着书信联系。

如果说第一次见面是历史在两人面前开的一个玩笑，那么这次见面却是历史的一次会意的笑。恩格斯在巴黎受到了马克思和夫人燕妮的热情接待，在巴黎逗留的十天里，恩格斯除了与巴黎的工人和社会主义者见面外，大部分时间都和马克思一起探讨政治、经济和哲学等方面的问题。这一次会见是两人伟大友谊的开端，之后他们共同完成了人类历史上最伟大的变革，开创了国际共产主义运动史上的新纪元。

一部《神圣家族》的问世，标志着两位革命导师友谊第一个成果的诞生。

在这本书里，马克思和恩格斯指出：资本

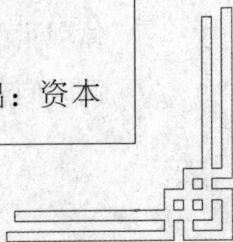

主义私有制的灭亡是历史的必然，资本主义的坟墓是自己挖的，无产阶级的历史使命就是推翻一切私有制，最终埋葬资本主义，实现共产主义。揭露了黑格尔思辨哲学中"个别"和"一般"的错误关系，进而引出了黑格尔哲学中最致命的要点：颠倒了思维和存在的关系。并针对鲍威尔将自然界和社会看作是自我意识的创造物这一观点，马克思和恩格斯指出：只有物质生产才是历史的真正发源地。物质资料的生产方式对社会历史的发展起着决定性的作用，精神、观念却存在于物质的经济事实之中，是由社会生活决定的。马克思和恩格斯强调：思想一旦离开利益，就一定会使自己出丑。并将唯物主义的基本原则与社会主义结合起来，批判了以鲍威尔为首的青年黑格尔派将思想原则与物质利益、英雄和人民群众对立起来的唯心史观。

《神圣家族》作为他们合作的第一个成果，体现了两位革命导师思想科学的交融。从此，两人向着人类解放的道路走去。

参考文献

[1] 霍尔斯特·乌尔利希. 恩格斯的青年时代. 马欣, 译. 北京: 生活·读书·新知三联书店出版, 1980.

[2] 斯捷法·普罗杰夫. 恩格斯青年时代. 宋洪训, 译. 北京: 中国青年出版社, 1984.

[3] 张新. 恩格斯传. 北京: 当代世界出版社, 1998.

[4] 萧灼基. 恩格斯传. 北京: 中国社会科学出版社, 2008.